SHOW AND TELL: How Everybody Can Make Extraordinary Presentations
by Dan Roam
Original English language edition Copyright © Dan Roam, 2014
All rights reserved including the right of reproduction in whole or in part in any form.
This edition published by arrangement with Portfolio,
a member of Penguin Group (USA) Inc.,
through Tuttle-Mori Agency, Inc., Tokyo

**For Isabelle, Sophie, and Celeste
(And you too, Ms. Puma)**

素晴らしい
プレゼンテーション
をする方法

真実を語れ

② 物語を使って真実を語れ

③ 絵を使って物語を説明しなさい

目次

これから役に立つツール		vii
簡潔なひとつの考え		viii
第1章	3つのルール	1
第2章	ルール1：真実を語れ	7
第3章	ルール2：物語を使って真実を語れ	27
第4章	ルール3：絵を使って物語を説明しなさい	177
第5章	心配しないための方法	235
第6章	贈り物	255

これから役に立つ
ツール

1. 真実に役立つ**ピラミッド**

2. 物語に役立つ**アウトライン**

3. 絵に役立つ**ピザ**

簡潔なひとつの考え

真実を語るなら、私は物語を使って語る。その物語を絵を使って説明すれば、聴衆を座席にくぎづけにしておくことができる。**その方法をこれから説明しよう。**

第1章
3つのルール

プレゼンターの目標は簡単——自分の見たものを人にも見てもらうことだ。

そのために、私たちは——
楽しませ
教え
説得し
やる気を起こさせ
そして最後に
私たちの聴衆を
変える。

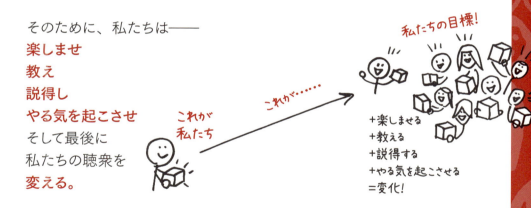

要するに、**報告、説明、宣伝、物語**を魅力的につくり出し、発表することで聴衆に私たちと同じようなものの見方をしてもらうことが目標なのだ。とても簡単そうに聞こえるだろう。

簡単にすべきでもある。

しかしそうは問屋がおろさない。

では質問——プレゼンテーションの目標は簡単でも、
なぜうまくいかないのか?

それは「**ショー**＆**テル**（見せて話す）」を忘れているからだ。

「ショー＆テル」の3つのルール

1. 真実で導けば、**心**が従う。
2. 物語で導けば、**理解**してもらえる。
3. 絵を見せて導けば、**頭**が従ってくれる。

1. 真実→心
　プレゼンテーションで真実を語ると、いいことが3つ起こる。聴衆と一体となり、熱気が生まれ、自信が湧いてくることだ。

2. 物語→理解
　プレゼンテーションで物語を語ると、すごいことが3つ起こる。複雑な考えを簡単にし、聴衆に記憶してもらえ、会場が一体となることだ

3. 絵→頭
　プレゼンテーションで物語を絵で説明すると、驚くべきことが3つ起こる。聴衆が意味を正確に理解し、魅了され、退屈しなくなることだ。

第2章
ルール1：真実を語れ

真実で導けば
心が従ってくれる。

今まで聞いたなかでも指折りの素晴らしい演説だった。
たわごとじゃなく、真実をしゃべっていたからね。

―スティーヴン・キング

真実を語るなら、何も覚えておかなくていい。

―マーク・トゥエイン

すごいプレゼンテーションとは？
それは人を変えるスピーチだ。
では、人を変えられるものとは？
真実である。

もっとも素早く聴衆との信頼を築くための方法は、真実を語ることだ。

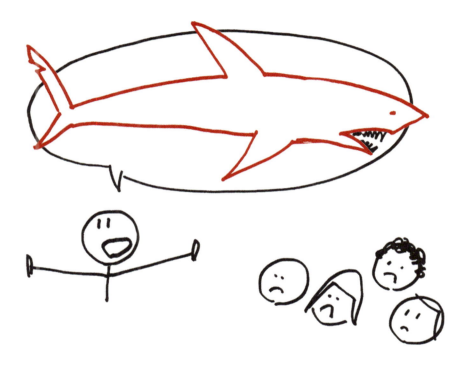

嘘ほどたちまち聴衆の信頼を失ってしまう手段はない。

第2章 ルール1：真実を語れ

とは言っても、真実はひとつではない。

私たちの**頭**は
「ほんとうだと思う」
と言う。
（知的な真実）

私たちの**心**は
「**ほんとうだと信じる**」
と言う。
（心の真実）

私たちの**データ**は
「事実がこれは真実だと伝えている」と言う。
（事実に基づく真実）

いつもこの３つの真実が存在している。
たとえば絵を見て、それぞれの真実は

「グラスの半分は──」

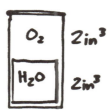

データが伝えるのは
酸素量＝2in³
水量＝2in³

頭が知っているのは
水の半分入ったグラスは希望の源、半分空っぽのグラスは絶望の源。

心が信じているのは
グラスには水が半分あるということ。

3つの真実のうち正しいのはどれ？
すべてである。

いいプレゼンテーションをするために
選ぶとすれば？
時と場合による。

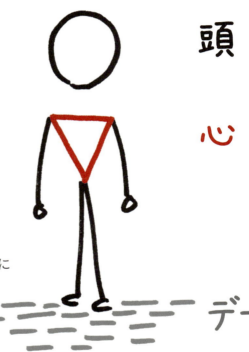

3つの真実は
同じではない。

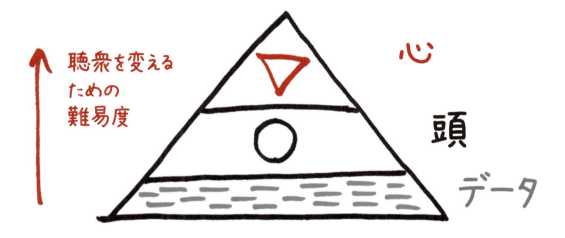

信じることは知ることよりも重要。
そしてこのどちらも「たんなる事実」より重要。

よいプレゼンテーションは新しいデータを伝え、
優れたプレゼンテーションは従来の知識を変え、
すごいプレゼンテーションは今まで抱いていた信念を変える。

プレゼンターとして、まず自分に
問いかける質問は

この話題、この聴衆、そして
自分に対し、3つの真実のうち何を
伝えるべきか？　という問いだ。

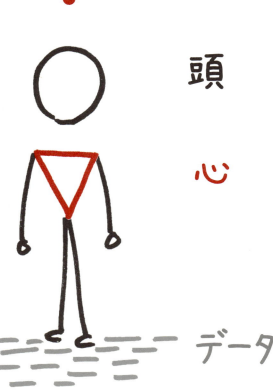

第2章　ルール1：真実を語れ　15

この質問に答える簡単な方法がある。
その方法は

"バケツのルール"と呼ばれている。

すべてのプレゼンテーションはたった3つの要素でできている。

アイデア　　　　　　　私たち　　　　　　　聴衆

伝えたいのは
アイデア、概念、
教訓、ツール、規則だ。

伝えることを
持っているのは
私たちである。

アイデアを
伝えたい人々は
私たちの聴衆だ。

これらが3つのバケツである。
仕事はバケツを並べることだ。

次に、バケツを真実でいっぱいにする。

思考、印象、
データ、逸話、
アイデア、関心

目標、希望、
信念、不安、
洞察

人口統計、経験、
能力、技術、
隠れた意図、
大望、未知

私の
アイデア

私の
自我

私の
聴衆

バケツ1＝私のアイデア

私の信念
私のメッセージ
私のコンセプト

私の製品
私の教訓
私の発見

世の中に自分の願望を主張する
自由があるなら、
実際に言いたいことは何か？

バケツ2＝私の自我

私とは誰か？

このアイデアを伝える自分って誰
（どんな人間になりたいの）？
伝えるのはうれしいのか、悲しいのか？
自信があるのか、ないのか？
信じているのか、疑っているのか？
**聴衆に記憶してもらいたいのは
自分の何か？**

バケツ3＝私の聴衆

聴衆はどんな人？

自分と違う考えの人は誰か？
どうすれば彼らを変えられるか？
どんな願望があるのか？
**プレゼンテーションで聴衆を
変えられる方法がたったひとつなら
その方法は何か？**

聴衆について——、覚えておくべき普遍的3つの真実

1. 誰でも何かをやれと命じられるのは嫌だ。全員が、自分の考えを承認してもらいたい。だからあなたは聴衆の代弁者だと思わせることが大切だ。

2. 聴衆にいい感情を抱いてもらうことが重要だが、それは真実の一面にすぎない。もちろん、聴衆には熱心に聞いてもらいたい――でももっと大切なのは変わってもらうことだ。

3. 聴衆を変えられなければ、プレゼンテーションに意味はない。繰り返そう。実際、それをプレゼンテーションの目標にしなさい。

たとえば、ベンチャー投資家に新しいソーシャル・メディアのアプリを売り込もうとしていると仮定しよう。次にバケツを一杯にする方法を紹介しよう。

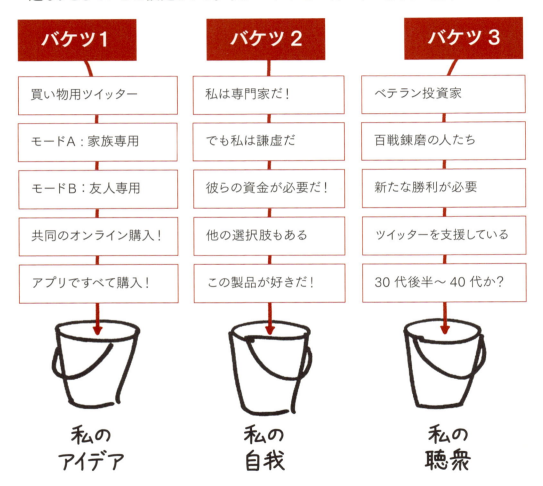

22　ショー＆テル

これらのざっとした考えから、プレゼンテーションは構成されていく。

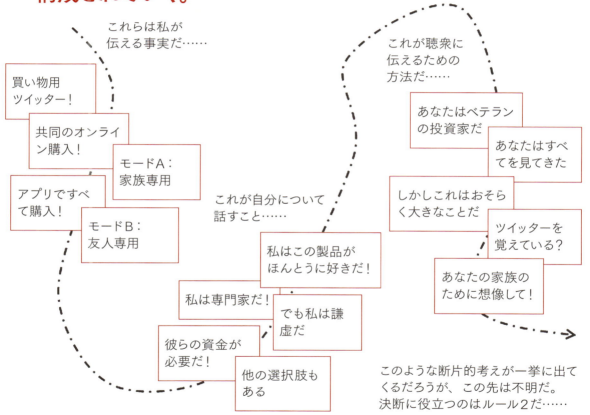

第2章　ルール1：真実を語れ

つまり、バケツを真実で一杯にすることは以下の点で役立つ。

断片的アイデアをまとめる。
自分に自信を持つ。
聴衆に知ってもらう。

さあ、ここから物語を作り上げていこう。

第2章　ルール1：真実を語れ

第3章

ルール2：
物語を使って
真実を語れ

物語を使って導けば、
理解してもらえる。

> 状況が――策略か驚きか重要な事実のいずれか――
> でうまくいくようにする。私はこの3つのどれかで始め、
> 後の流れは物語に任せることにしている。
> ――リー・チャイルド

> 車輪を使わなくても偉大な社会はあったが、
> 物語を語らなかった社会はひとつもなかった。
>
> ――アーシュラ・K・ル・グウィン

あらゆる種類のプレゼンテーションがある。

聴衆の**情報**を
変える
プレゼンテーション

聴衆の**能力**を
変える
プレゼンテーション

聴衆の**行動**を
変える
プレゼンテーション

聴衆の**信念**を
変える
プレゼンテーション

チーム状況の
ミーティング

最新の
財務報告

四半期の報告

プロジェクト審査

学術論文

料理ショー

教室での講義

就職の面接

売り込み口上

商品の発売

卒業式の演説

訓話

ＴＥＤトーク

ESPN＊のスポーツ放送は、**レイチェル・レイ**の料理ショーとはまったく違う。料理ショーはアップルの基調演説とはまるで違うし、基調演説は**TEDトーク**とはまるで違う。しかしすべてのプレゼンテーションは大成功している。

どうすれば成功するのか？

＊ウォルト・ディズニー・カンパニー傘下のスポーツ専門チャンネル

成功するプレゼンテーションは、しっかりとしたストーリーで組み立てられている。

優れたプレゼンテーションには明白なストーリーがある。

冗長ではない。

混乱していない。

ストーリーが
はっきりしている。

物語の展開の仕方がすべてのプレゼンテーションの成功の鍵だ。その理由は？

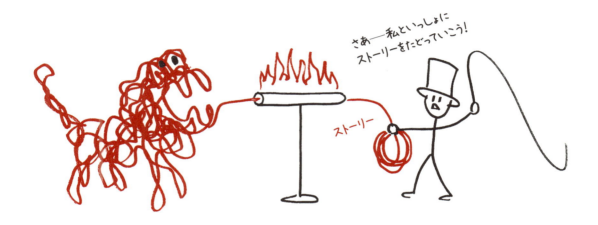

ストーリーをしっかりさせることが、混乱を避けるための最高の手段だ。十分に時間をかけて複雑な内容を噛み砕き、簡単明瞭にしていこう。

たった**4つのストーリー**でどんなプレゼンテーションでもできる。

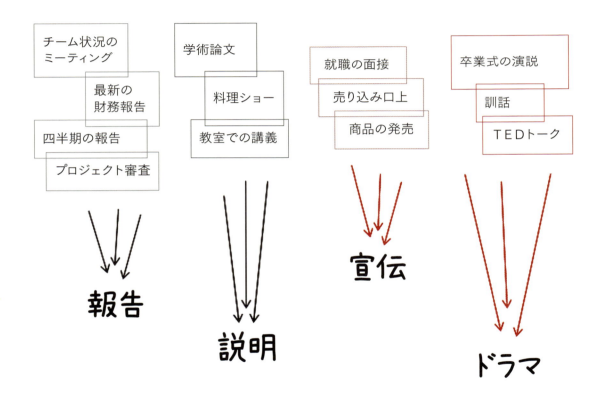

4つのストーリーは次のように見える。

事実を伝える

新しい洞察力や能力を付けさせる

新しい行動や解決策を勧める

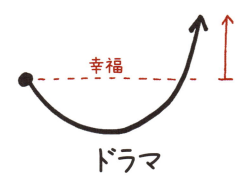

新しい信念や世界観を聴衆に与える

ひとつずつ詳しく説明する前に、各ストーリーの本質を紹介しておこう。

報告はデータを
いきいきさせる。

**報告することで、私たちは
聴衆の持つ情報を変える。**
よい報告は事実を伝える。
優れた報告は事実を洞察に
富ませ、聴衆の記憶に
刻み込まれる。

説明は私たちにやり方を
教えてくれる。

**説明することで、私たちは
聴衆の知識や能力を
変える。**
よい説明は聴衆を新しい段階に
引き上げる。優れた説明は
難なくそれを実現する。

 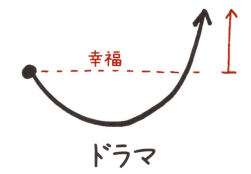

宣伝することで、ハードルを跳び越える。

宣伝することで、私たちは聴衆の行動を変える。
よい宣伝は聴衆に問題の解決策を与え、優れた宣伝は解決策を否定できなくする。

ドラマは私たちを悲嘆に暮れさせてから、癒してくれる。

ドラマを利用して、私たちは聴衆の信念を変える。
よいドラマは人の苦悩を感じさせ、優れたドラマはその苦悩を他人事だとは思えなくする。

それぞれのストーリーには違いがあっても、共通点が2つある。

1. **始まりと終わりがある。** 多くのプレゼンテーションが失敗するひとつの理由は、目的地がはっきりしないからである。優れたプレゼンテーションは流れるように話が進んでいく。
2. **締めの部分は最初より内容がレベルアップしている。** プレゼンテーションが失敗するもうひとつの理由はメリハリが皆無だからだ。優れたプレゼンテーションは内容がどんどん盛り上がっていく。

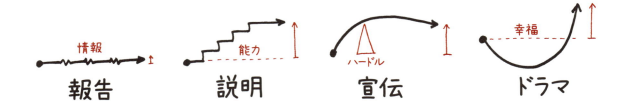

要するに、すごいプレゼンテーションは、まず聴衆を**どこまで遠く、どこまで高いところに**連れていきたいかを知らせることから始まる。

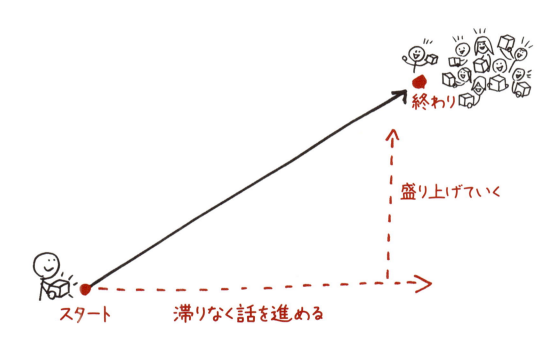

実際に、聴衆を**動かす**手段は4つしかない。

1. 聴衆の**情報**を変える。

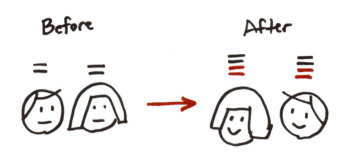

聴衆がすでに知っていることに新しいデータを付け加える。

2. 聴衆の**知識や能力**を変える。

新しい考えや有益なことを実行する方法を聴衆に教える。

3. 聴衆の**行動**を変える。

聴衆を説得し、新しいことを実行、利用し、試してもらったり、新製品を買ってもらう。

4. 聴衆の**信念**を変える。

聴衆を鼓舞して、自分や世界について何か新しいことを理解してもらう。

正しいストーリーを選ぶには、次の質問に答えさえすればいい。

「プレゼンテーションを終えた後、聴衆には、
どのように**変わって**いてもらいたいのか?」

この質問への答えが、どのストーリーを利用すればいいのか教えてくれる。

「要するに、聴衆に体験してもらいたい変化が、私たちが選択するストーリーを決定する」のだ。

すべてのストーリーには共通点がある。
ストーリーは初めから終わりまで、私たちのアイデアを動かしてくれる、
生きて、呼吸している動物のようなものだ。

ストーリーにはプレゼンテーションを推進する背骨 ▬▬▬ と、
ストーリーに細部と色彩を与える逸話 ||||| の両方がある。

経営コンサルティングでは、「水平ー垂直のストーリーテリング」と呼んでいる。

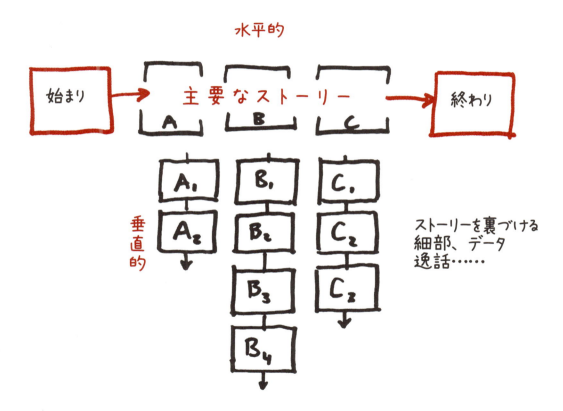

では、この名称をもっと愉快なものに変えてみよう。

私たちのストーリーとは、
プレゼンテーションの基礎となるメッセージの構造のことだ。
(**P**resentation's **U**nderlying **M**essage **A**rchitecture)

略して「PUMA（ピューマ）」である。

ピューマはこんな姿をしている。

頭＝
主要なアイデア

背骨＝主要なストーリー

しっぽ＝
最後の締め

脚＝ストーリーを
裏づけて
くれるアイデア
（必要なだけ使う。誰も数えてはいない）

ピューマをストーリーの形と考えなさい。主要なアイデアから始めます。主要なストーリーで背骨を築き、この背骨を細部で裏づけ、最後は人を惹きつける言葉で締める。

本気だよ

第3章　ルール2：物語を使って真実を語れ　45

ピューマはプレゼンテーションを組み立てる*よい方法である。

1. まず主要なアイデアの
   要約で始める。

2. 次に、ストーリーの
   背骨であるあらましを描く。

*ふつう、ピューマは頭からしっぽまでつくるが、それとは違うプレゼンテーションをする場合もある。後で、この点については詳しくお話ししよう。

3. アイデアを裏づける脚となる材料を付け加える。

4. しっぽをヒュッとひと振りし、話を締めくくる。

次に、**ピューマ**を使った典型的な物語のあらましを紹介する。

お決まりの恋愛もの

これは典型的な
ハリウッド映画の
恋愛物語

少年が少女と
出会う

少年は少女を
失う

少年は少女を
取り戻す

少女は
助けを借り
逃げ出す

少年は
のん気だ

少女は
愛らしい

少年は少女
にぞっこんだ

悪人が
登場する

悪人が少女
を連れ去る

少年はひどく
打撃を受ける

少年は
助手を雇う

助手は悪人を
突き止める

少年は少女
を救い出す

ピューマはもっと平凡な物語を構成するのにも役立つ。

販売チームの最新状況

チームが
ピンチから
立ち直った話

去年は
厳しかった

市場は
不況だった

誰もが
苦しんでいる

この時期は
終わったと思う

最近の四半期は
好転したようだ

市場は
安定してきた

私たちは
賭けにでる

販売量は不況前
に戻った

次の四半期は
すごいぞ！

新しい市場が
開かれている

私たちは
ライバルの
先を行く

私たちはまた
優れた人材を雇う

新製品を
市場に投入
するのは
まさに今だ

本書には、4匹の**ピューマ**が登場する。それが4つのストーリーである。

休んでいる**ピューマ**は**報告**である。

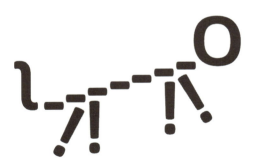

階段を上る**ピューマ**は**説明**である。

第3章　ルール２：物語を使って真実を語れ

4つのストーリーの詳細

これは必見

ストーリー1——報告

```
ロ------ミー
言       言
```

（ピューマは休憩中）

報告は**データ**を提出する。
報告で、私たちは聴衆の持つ**情報**を変える。

情報

報告

まずまずの報告はデータを提出する。

報告は、私たちがもっとも多く行うプレゼンテーションだ。
しかし、もっとも失敗しやすいプレゼンテーションでもある。
なぜなら報告の大半はすでに知っていることを話してから、知らないことを少し付け加える程度で、驚きやドラマが削られているのが普通だからだ。
あまり記憶に残らず、行動も促しはしない。

よい報告はデータに**息吹**を吹き込んでいる。

報告をきちんと行うと、たんなる事実以上のものが聴衆に届けられる。**洞察**を与え、データを聴衆の**記憶**に残し、**関心**を持たせるのだ。

事実は事実だ。
だが、プレゼンテーションでは、事実だけでは十分ではない。

フットボールの試合を、時計も、ハーフタイムも、サプライズも、アナウンサー
もなしで眺めているのを想像してみよう。

あまり記憶に残らない。
（二度とフットボールは見ないだろう）

秩序、強調、解説が、事実をいきいきした**物語**に変える。

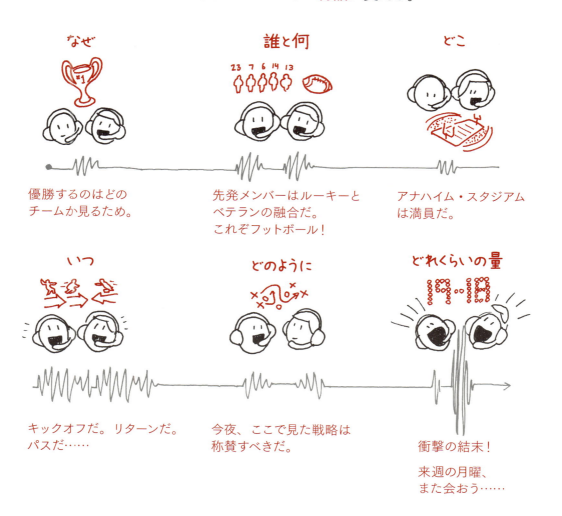

報告は、聴衆に最新の洞察を与え、しっかり記憶に残るデータを提出する。

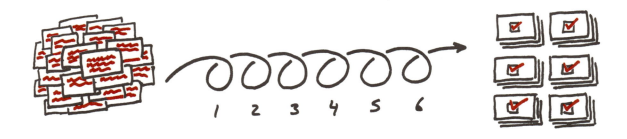

そのための確実な方法が「6種類の思考」を利用することだ。

6種類の思考との出会い。

「6種類の思考」とはほぼすべてのアイデア、問題、物語を、6つの異なってはいるが補い合っている情報「形式」に分解できる認識モデルである。

話題にしているのは**誰そして何？**
それがあるところは**どこ？**
起こるのは**いつ？**
あるのは**どれくらいの量？**
それらは**どのように**相互に影響しているか**？**
こうなったのは**なぜ？**

6種類の思考は道具である。

私たちの頭はつねにこの6種類の思考を利用している。私たちはこの6つの道具を、学習するほぼすべてのことを、理解し、認識し、思い出すための基本的な道具として使っているのだ。

6種類の思考はループ（輪）になっている。

完璧なアイデアには6種類の思考すべてが含まれ、右図のように環状につながっている。6つの順序は決まっておらず、結局すべてがつねに利用される。しかし**「誰と何」**か**「なぜ」**をプレゼンテーションのスタート地点として利用するのがもっともよい。

第3章　ルール2：物語を使って真実を語れ

素晴らしい報告にはすべてこの6種類のストーリーが
応用されている。

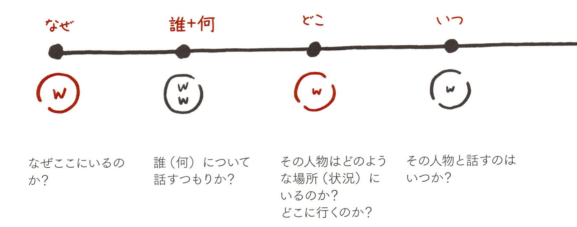

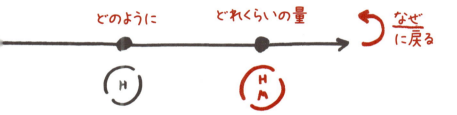

次の3つのサンプルの**報告**を、6種類の思考で表してみよう。

報告のタイトル → **最新状況**

Ⓦ	なぜ（目的）	現状をもっとよく理解するためにここにいる。
ⓌⓌ	誰と何	私たちの会社、チーム、製品、ライバル会社。
ⓌⓌ	どこ、いつ	この領域、あの領域 この四半期、あの四半期。
ⒽⒽ	どのように、どれくらいの量	戦略を練り直し、数字をこの目標に上げることにする。

スポーツ放送	**ハンス・ロスリングの最初の TEDトーク***
スーパーボウルに出場せよ。	多くの賢明な人が貧困とは何か理解しているようには見えない。
チーム、選手、ゲーム。	国民、母親、子供、富、死に関するデータ。
この競技場、このプレイ、ダウン。	**全世界、20世紀全体。**
ヤード数、タイムアウト、パント、タッチダウン！	教育＝富、富＝長寿。

＊2006年のTEDで行われた、今まで録画されたなかでも最高のデータ・レポート（芝居じみたものになりがちなTEDトークのなかでは出色の内容。後で、もっと詳しく説明しよう……）。

報告の練習——
"シルベスター計画"

私たちのシナリオ——

私たちのアイデア：ソーシャル・メディアがデジタル環境を変えていくとき、多くの企業は、ソーシャル・ネットワーク全体で、e‐コマースの始め方を調査している。わが社はまさにそのための秘密内部プロジェクトに取り組んでいる。

私たち：私たちは中規模のソフトウェア企業内の新製品を開発するチームだ。企業の意思決定者に現状を報告する必要がある。

私たちの聴衆：私たちはプロジェクトについて、経営陣とプログラムの後援者に最新の現状を報告する必要がある。多くの計画のひとつを進行中なので、できるだけ早く結果を出す必要があるが、報告はやはり必要である。

ヒント：事実を中心に……でも多少、ドラマも加えて説明する。

おはようございます。

ショー：

テル： シルベスター計画の最新の現状報告においでいただきありがとうございます。

第3章　ルール２：物語を使って真実を語れ　67

私たちはなぜここにいるのか?

ショー：

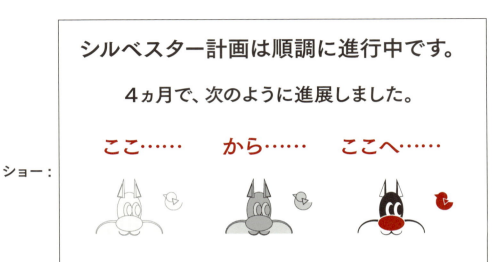

テル： シルベスター計画は順調に進行中。わずか4ヵ月でアイデアはきちんと機能する実演段階に入りました。これは結構なことですが、今後、課題も存在しています。

私たちは何を話題にしているのか？

ショー：

レヴュー：シルベスター計画とは何か？

このプロジェクトを「シルベスター」と言うのは**ツイート・キラー***だから。ソーシャル・メディアのインターフェイスで直接商品を購入可能にすることで、シルベスターの専用コードがe-コマースに革命を起こすでしょう。

テル： 私たちがシルベスター計画と呼ぶ理由は、これがツイート・キラーだからです。この計画が成功すればソーシャル・メディアのアプリで、直接、商品の購入が可能になります。

＊アニメのなかでカナリアのツイーティをたえず狙っている猫の名前

第３章　ルール２：物語を使って真実を語れ　69

この計画には誰がかかわっているのか？

ショー：

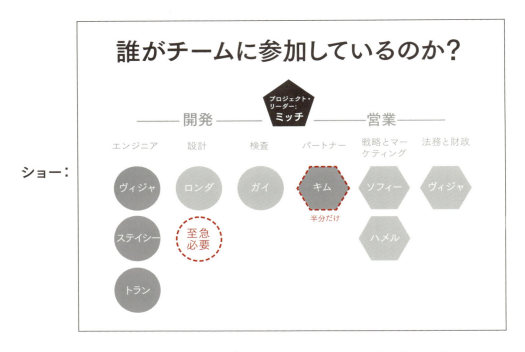

テル： 私はプロジェクト・リーダーをしているミッチです。私たちはシルベスターの開発と営業を担う大規模なチームです。しかし設計者が1名不足していて、パートナーもこの計画に全面的に参加してはいません。

私たちはどこに向かうのか？

ショー：
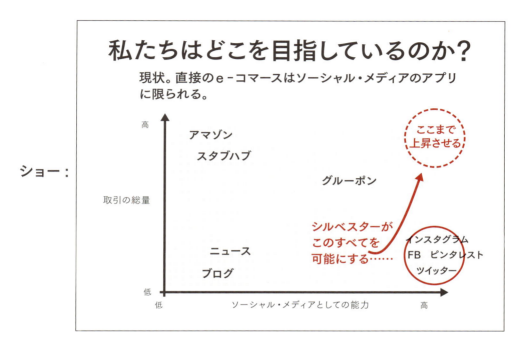

テル：ソーシャル・メディアの現状を調べると、大企業のいずれも、直接オンライン販売を可能にする能力はないことがわかります。私たちが市場参入のために、他者との提携が決定的に重要な理由がここにあります。

私たちは今、どこにいるのか？

ショー：

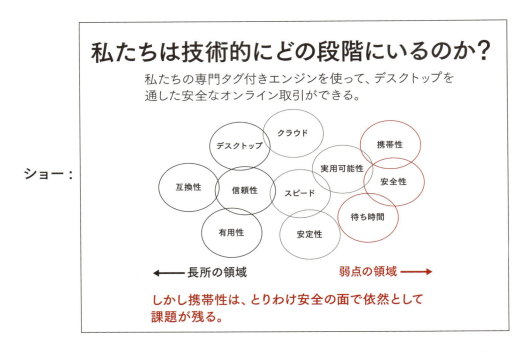

テル：技術的に、私たちはデスクトップ用の堅実かつ実用可能な基盤は持っていますが、モバイルではとりわけ安全性が、私たちの最大の課題であることがわかってきました。

ものごとをいつ起こすのか？

ショー：

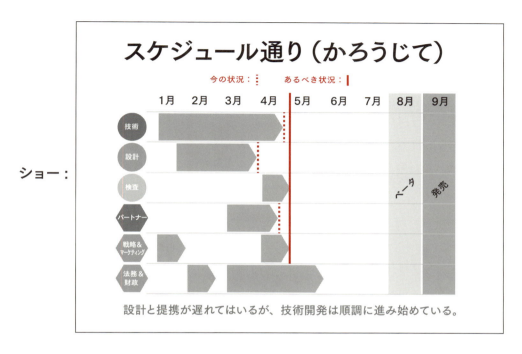

テル：モバイルの問題が解決できたなら、技術開発は予定通りに進んでくれるでしょう。しかし設計者とパートナーの不足が、仕事の流れを滞らせています。

どのように実行するのか？

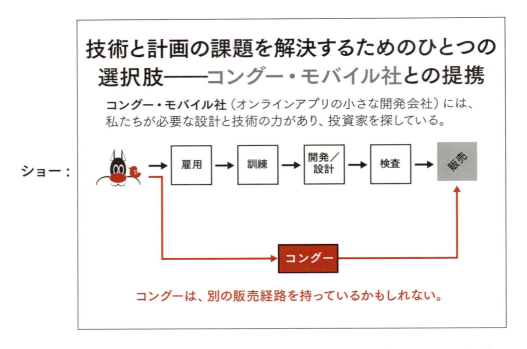

ショー：

テル： 新しい興味深い選択肢がひとつあります。コングー・モバイル社（小さいが、成功した多くのモバイルアプリを持つメーカー）は投資家を探しています。この企業には私たちが必要とする人材と技術があります。提携すれば、おそらく販売は促進されるでしょう。

これはどれくらいの大きさか?

ショー：

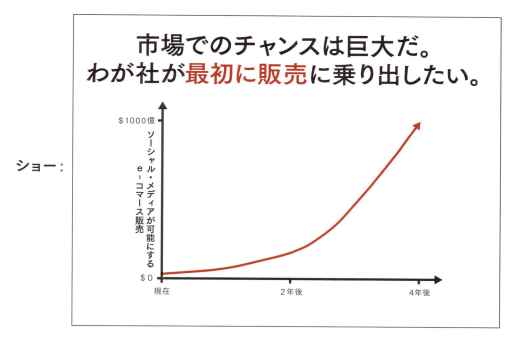

テル： すぐに販売することが重要な目標です。すなわち私たち全員が、ソーシャルe‐コマースのための市場がいかに有望かに気づいているのです。

第3章　ルール2：物語を使って真実を語れ

どれくらいの量にするのか？

ショー：

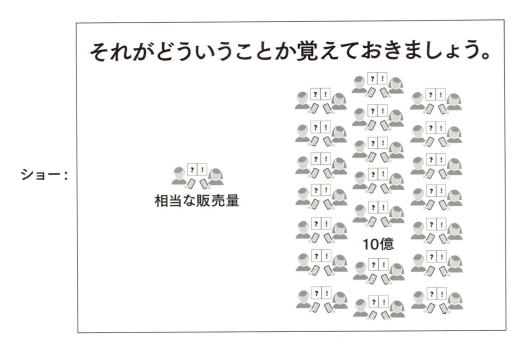

テル： それは少数のソーシャル・メディア取引ではなく、数十億の取引を話題にしているからです。

なぜここにいるのかに戻る。

ショー：

テル：計画の実行は可能ですが、重大な問題はコングーと提携すべきかどうかということです。
お時間を割いていただきありがとうございました。これまでお話ししました新しい情報に関する皆様の考えをお知らせください。

第3章　ルール2：物語を使って真実を語れ

完璧なプレゼンテーションをするための**報告**のマップ。

なぜ　　　　　誰+何　　　　　どこ

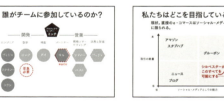

いつ　　　どのように　　どれくらいの量　　なぜ に戻る

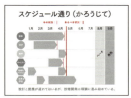

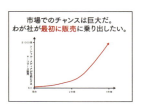

第3章　ルール2：物語を使って真実を語れ　79

報告用のリポート・カード

1. 真実の**話**をしたか？
2. 聴衆の**情報**を変えられたか？
3. 事実は**納得できて**、当を得たものであり、**記憶に残る**か？

どのように実行したか？

"シルベスター計画" は、数年前、私が設立間もない技術会社で取り組んだ実際の報告を基にしたものである（多くの企業が似たようなコンセプトに取り組み続けているので、ここでは名称や技術の細部を変えている）。

結果: このリポートは財政を安定させるのに役立ち、企業はさらにプロジェクトを発展させていった。未来は？　そのために次のメッセージをチェックしておこう。

「報告」に関する最後のいくつかの考え

聴衆を実際に変えるには、「すごい、なんていい報告なんだ」と言う声が出てこなくてはいけない。

聴衆は以前一度も見たことのないものを見たり、一度も考えたことのないことを理解したとき変わる。

事実だけを読んで変わる人はめったにいない。

データはもっとも力強い真実になり得るかもしれないが、退屈という障害を突破するための方法としてデータが利用されることはめったにない。「事実のみ」の提示ではよい現状報告にはなっても、素晴らしいプレゼンテーションにはならない。

報告をスポーツ放送に変えよ（しかし、あくまで、応援団ではなく解説者の立場で）。

アナウンサーは熱狂的だが、偏ってはいない。好みの視点は持っているかもしれないが、提示するデータはすべて適切でなくてはならない。考えが偏りすぎていることに気づかれたなら報告全体が聴衆に疑いの目で見られることになるだろう。

できるところではどこでも、ほかのストーリーのひとつも取り入れよう。プレゼンテーションはより説得力を増す。

上司が事実だけの報告を求めているからといって、そんな報告をする必要はない。そこには別のストーリーを取り入れる余地がある……

ストーリー2──説明

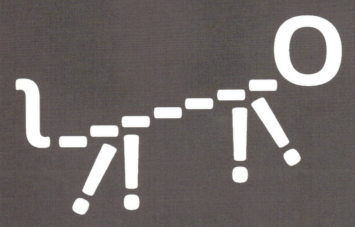

（ピューマが階段を上る）

説明は**知識**を伝える──「やり方を示す」
説明を利用し、私たちは聴衆の知識や**能力**を変えていく。

説明はいたるところで行われる。

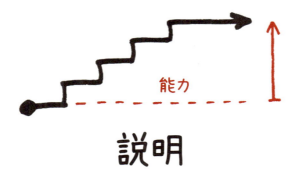

会議、教室、裁判所、アセンブリー・ラインで行われるほとんどのプレゼンテーションは、聴衆の**知識**や**能力**を変えることを目的にしている。発生している出来事を説明し、新しい洞察を示し、実行する新しい手段を教えよう。

- 訓練コース
- 報告書の提出
- プロセスの導入
- 自己啓発セミナー
- 裁判
- 販売トレーニング

どの説明も私たちに新しいことを理解させてくれる。素晴らしい説明はこの課題をすんなり果たしてくれる。

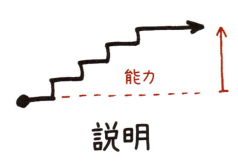 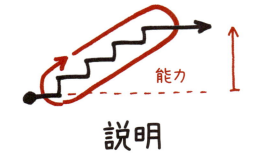

どの説明も階段に似ていて、聴衆の理解や能力を新しい段階に押し上げてくれる。

素晴らしい説明はエスカレーターに似ている。動いているのに気づかぬうちに、新しい段階に連れていく。

素晴らしい説明は3つの方法で難なく
新しい段階に連れていってくれる。

1. 各階段は小さい。
新情報は手頃な分量。しっかり噛み砕くまでは次に移ることはない。

2. 各階段は次の階段にすんなり導く。
ここをスタート地点に上っていき、最後には、階段の上に行く。
急げ！

3. 各階段に目印をつける。
あらかじめ全行程の地図を作成し、進行中に見えてくる階段と標識を下見しておく。

頂上に到着したときには、私たちは新しい能力を身につけている。

私たちは底から上り始める。

優れた**説明**はすべて段階的に次のようなストーリーをたどる。

△ チェックポイント

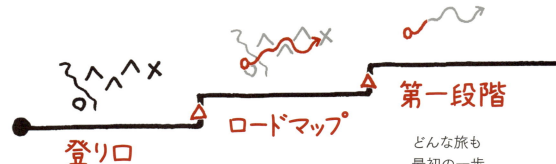

登リ口

現在地、
目的地と
目的地までの
間にあるものは？
チェックポイント：
目的地（目標）に
同意するか？

ロードマップ

目的地に着くまで
にたどるルート。
チェックポイント：
このルートに同意
するか？

第一段階

どんな旅も
最初の一歩
で始まる。
チェックポイント：
全員が依然として
団結しているか？

次の段階……
さらに次の段階
に……
チェックポイント：
自分がやったこと
や今の段階が
わかっているか？

目的地までもう
一歩。
どれだけ遠くに
やってきたのか
振り返る。
チェックポイント：
どれくらい学んだ
かわかるか？

到着！
新しい知識や能力
も身についた。
チェックポイント：
ひとりで繰り返す
ことができるか？

次の3つの例はすべてこの**説明**のストーリーに従っている。

	報告のタイトル →	**料理の作り方**
	登り口	あなたは今年の感謝祭に料理を作るために一家の食材を買いました。
	ロードマップ	前菜、サラダ、主食、ゼリー、コーヒー。
	段階……	オーブンを約120度に温め、詰め物を用意し、ポテトをゆでる……
	目的地	食卓を準備し、客がやってくる。乾杯！

本の執筆についての真実	**量子の仕組みの紹介**
あなたはこの素晴らしいアイデアを数年間、温めてきた。	**宇宙はうっとりするほど神秘的だ。**
あらすじ、執筆、編集、出版、販売促進。	エネルギー、質量、光に導かれる。
指をキーボードに置いて、動かす。何度も何度も。	**電車に乗った人がボールをバウンドさせているところを想像しなさい。**
ニューヨークタイムズで1位に！	自分の周囲にある不思議なことにもっと理解を深める。

説明の練習──
"会計の未来"

私たちのシナリオ（実話）

私たちのアイデア： 産業や政府の指導者は、科学、技術、工学、数学の教育を支援する必要があることに気づいている。だが会計士として、私たちはこのリストに会計も含まれるべきだと確信している。

私たち： 私たちはアメリカ会計学協会のメンバーだ。アメリカ財務省は、私たちにほかの会計組織と協力して会計教育の未来についてのロードマップを作成するよう要請してきている。

私たちの聴衆： 私たちは自分たちが作成したロードマップをほかの会計士たちに提供している。私たちの目標は、彼らにこのロードマップを見てもらって理解してもらい、次に彼らの同輩、同僚、生徒にもこのロードマップを広めてもらうことだ。

おはようございます。

ショー：

テル：みなさんに、未来の会計教育のロードマップ「パスウェイ」の調査結果を紹介できることをたいへんうれしく思います。

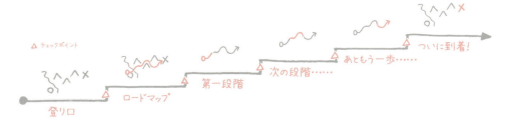

登り口

ショー：

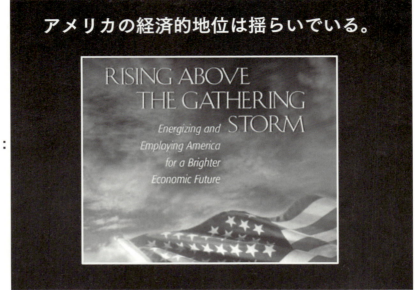

テル：10年前、議会はアメリカの教育の未来を調査し、わが国の経済状態は海外の専門知識の増加や競争力の強化によってかなりの危機的状態にあることに気づいた。

登り口

ショー：

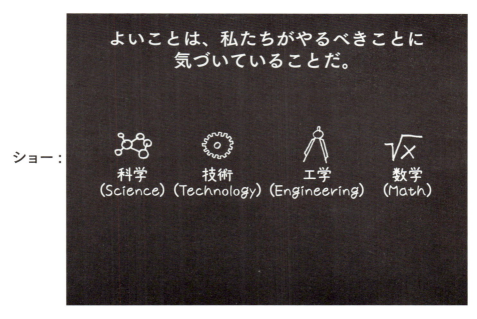

テル：この報告は、STEMの教育（科学、技術、工学、数学）の支援の強化を勧めることで締めくくられていた。

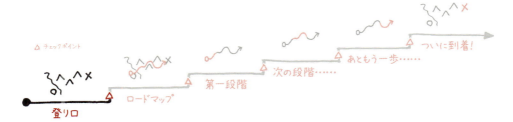

登り口（続き）

ショー：

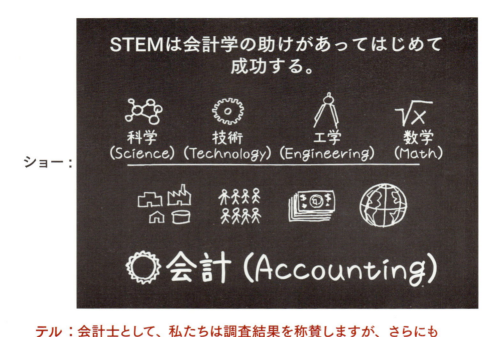

テル：会計士として、私たちは調査結果を称賛しますが、さらにもうひとつ付け加えておきます。私たちの STEM に基づく経済は、信頼と会計学の後押しがあって、はじめて機能するということです。

私たちのロードマップ

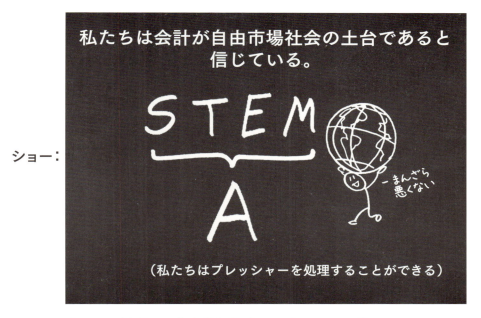

テル：会計が、繁栄する自由市場社会の土台として再び認められなくてはいけないと私たちは考えています。

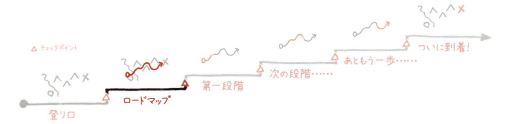

私たちのロードマップ（続き）

ショー：
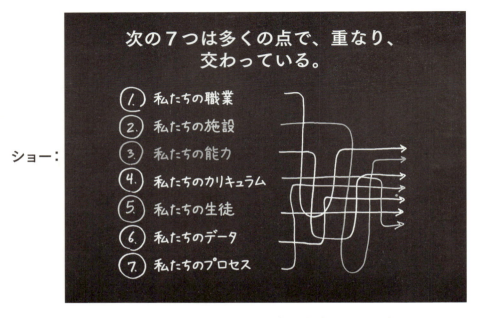

テル：その役割を果たすために、会計教育の未来は7つの交差する道を説明しなくてはなりません。

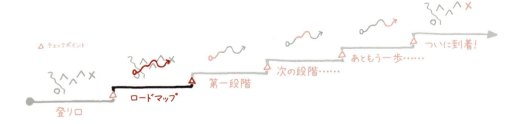

私たちのロードマップ

ショー：

テル：これら7つの道は、いわゆる「会計」の全体を構成する個々の要素として役に立ちます。私たちは今あなたにそれぞれの要素に対し提言していきましょう。

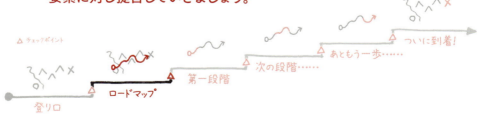

私たちの最初のステップ

ショー：

テル：私たちは要素の中心となる、会計という職業から説明します。

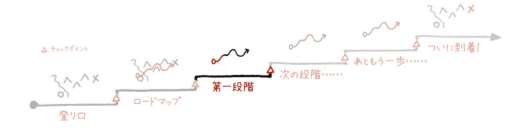

私たちの最初のステップ

ショー：
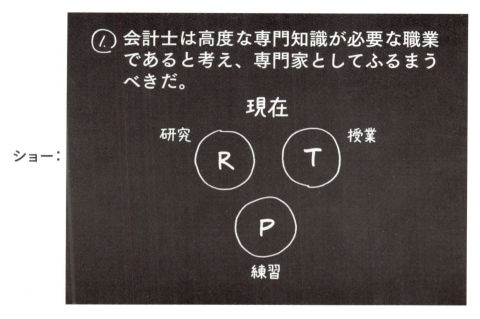

テル：私たちは会計士が、高度な知識が必要な専門的職業として、
　　　まず確立されなくてはいけないと確信します。

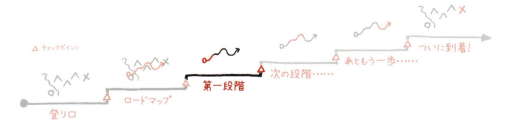

第3章　ルール2：物語を使って真実を語れ　99

私たちの最初のステップ（続き）

ショー：

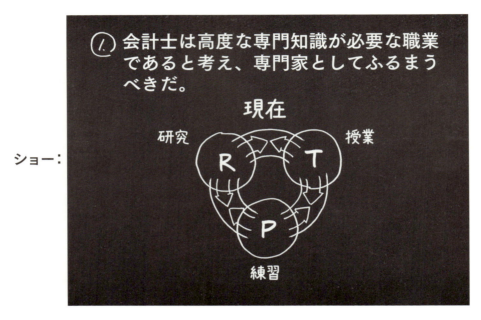

テル：つまり、研究、授業、練習の間をさらに緊密にしていかなくてはいけないということ。

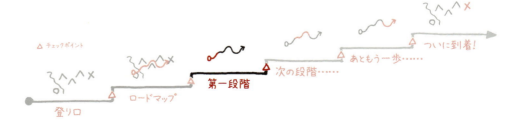

私たちの次のステップ……

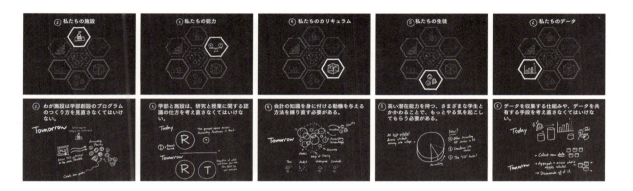

（私たちは次の5つの要素を詳しく調べなくてはいけない。ひとつの鍵となる洞察とその結果得られるひとつの重要なポイントを指摘した前の推奨の上にそれぞれの要素を築き上げていく）

もうひといき……

ショー：

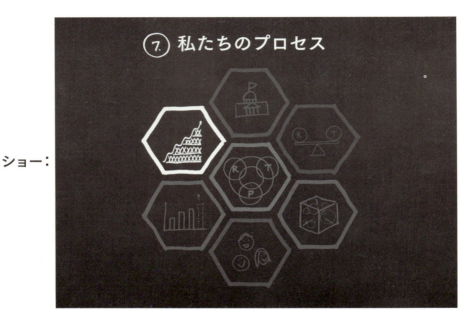

テル：7番目の最後の推奨は、私たちが次に実行しなくてはいけないことの核心を突いています。つまりこの計画を実行するプロセスです。

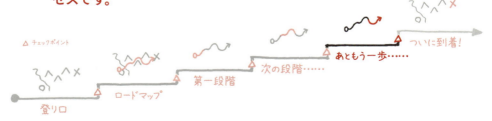

もうひといき……

ショー：

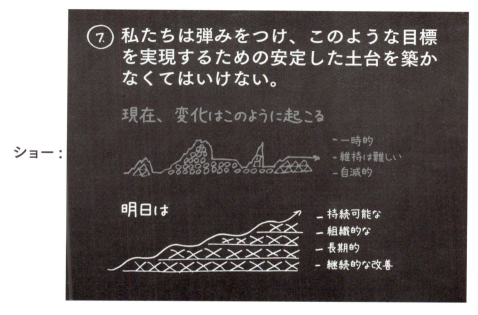

テル：このような変化に弾みをつけるために、私たちは、全員が支援され、成長できる安定した土台を築いています。

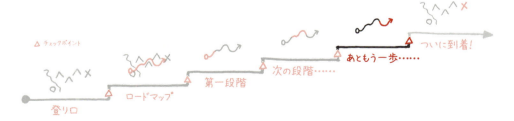

達成した！

ショー：

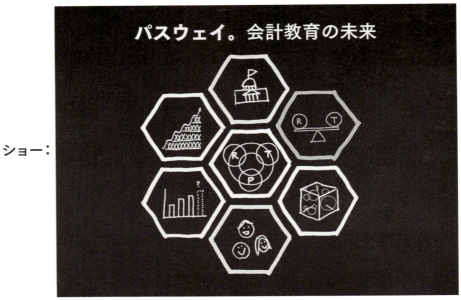

テル：この7つの構成要素はどれも、私たちの将来の職業の核心を示しています。これらの要素を明白にし、あなたに理解してもらいたい。

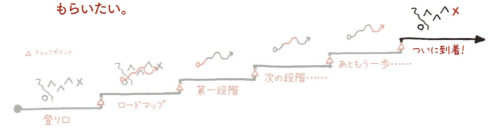

達成した！

ショー：

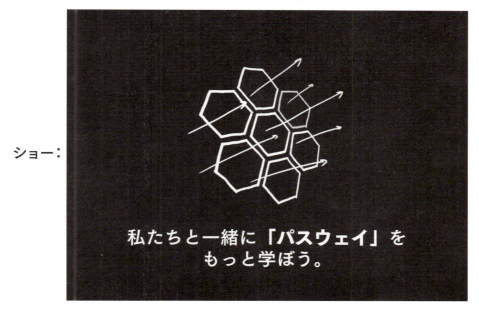

私たちと一緒に「パスウェイ」を
もっと学ぼう。

テル：これからの数ヵ月から数年にわたって、会計業界全体に関するこの推奨の展開に、あなたがたもご参加ください。

第3章　ルール2：物語を使って真実を語れ

完璧なプレゼンテーションのための**説明**マップ

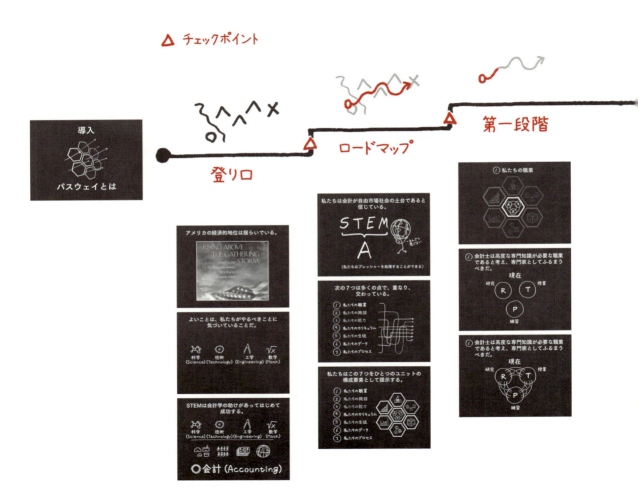

次の段階　あともう一歩　ついに到達！

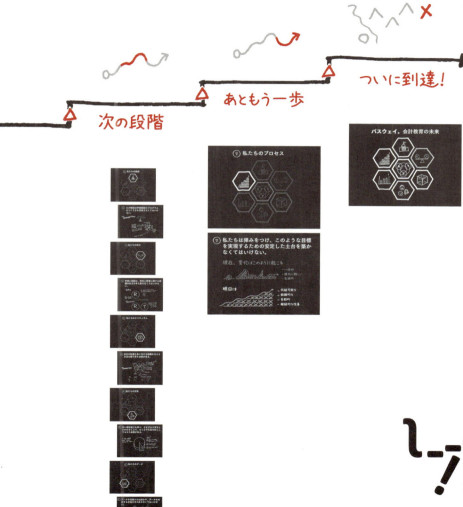

第3章　ルール2：物語を使って真実を語れ

説明用のリポート・カード

1. 真実の**話**をしたか？

2. 聴衆の**知識**や**能力**を変えられたか？

3. 新しい能力は簡単に**訓練**できて、**応用**できるくらい実用的か？

どのように実行したか？

この実際のプレゼンテーションはこれからの数年にわたって、私たちを支援してくれる多くの会計の専門家に「パスウェイ」を推奨するため作成されたものだ。

この30分のプレゼンテーションは、136ページに及ぶ資料に要約された。それ以来、その資料はずっと全国のイベントに出席する後援者に何百回も配布されてきた。

結果：その反応は実に驚くべきものだった。

「説明」に関する最後のいくつかの考え

退屈な話題などない。退屈なのは伝え方が悪いからだ。
どんなテーマも、明白にすることで魅力的なテーマにできる。明白にするには、複雑なことを個々のステップに分解してから、そのステップをひとつひとつ結びつけることである。

理解することが急務だ。
理解しようと努力して突然、何かが「わかった」とき、チョコレートケーキの大きな一切れを食べるときと同様に、ドーパミンがどっと出てくる。複雑なことを理解すると脳に報酬が与えられる。

新しい発明を解説するか、聴衆にケーキの焼き方を教えるかのいずれにしろ、本質的に説明のプロセスに変わりはない。
聴衆を一度に一歩ずつ導き、さらに全員が同意しているのを確認するため細かくチェックしているなら、ほぼすべてのことをほぼ全員に説明することができる。

どちらかを選べというなら、報告より、説明をしたほうがいい。
明白な説明はデータを有益にし、応用できる知識にしてくれる。これで情報を理解できるようになり、はるかに記憶に残り、行動しやすくなる。

ストーリー３──宣伝

（ピューマが障害を跳び越える）

宣伝は問題と解決を提示するが、説得することもある程度必要である。つまり「納得させる」こと。
宣伝することで、聴衆の*行動*を変える。

宣伝することで障害を乗り越えられる。

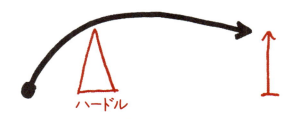

宣伝

売り場、重役室、顧客との会議、ベンチャー投資会社、政治集会などで行われるプレゼンテーションのほとんどは、聴衆の行動を変えることを目的にして行われる。お金や支援を提供してもらったり、何か新しいものを買ってもらったり、今までとは違うことを実行してもらうのだ。

- 売り込み口上
- 手の込んだプレゼンテーション
- 懐柔
- 資金の要求
- 支援の要請
- 製品の販売

私たちが適切な宣伝を行ったなら……

全員が気づける**共通の問題**を取り上げることで、聴衆との間に**共通の土台**を確立し、その問題を解決したり、取り除いたりする**新しい解決策**を提供する。**もし宣伝に説得力があれば、聴衆は私たちのアイデアを採用し、私たちが勧める行動を取ってくれるだろう。**

宣伝――硬球型対ソフトボール型

古い学校は硬球を使っていた

昔、ピッチング（宣伝）は、1対1の勝負とみられていた。買い手と売り手は向き合って戦い、勝つのはどちらかひとりだった。
この硬球がうまくいくのは、問題がたくさんあり、解決策が限られているときだった――しかしゲームが終わったときには、一方のチームはかならず気分を悪くしていた。

新しい学校はソフトボールを使う

現在、ピッチング（宣伝）は昔とはまったく別世界となった。買い手と売り手はどちらも多くの選択肢を持っていて、協力するほうがはるかに効果があることが証明されている。
ソフトボール型では、私たちは同じチームとして、互いにできるだけたくさんの得点を稼ごうとする。ゲームが終わったときには、全員、気分がよくなっている。

ソフトボール型の宣伝にはすべて、同じ本質的要素が含まれている。

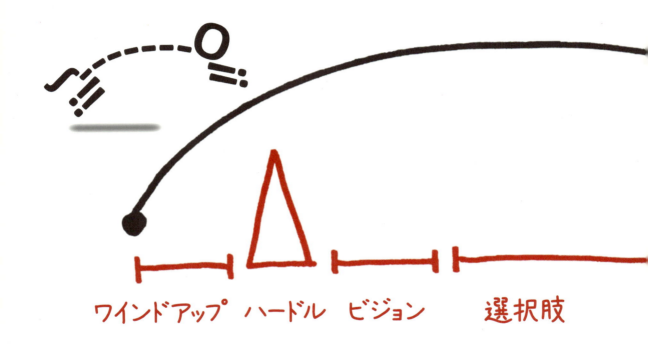

ワインドアップ
まず現状をざっと要約してみる。

ハードル
私たち全員が直面している問題を紹介する。

ビジョン
問題を乗り越える方法を多少示す。

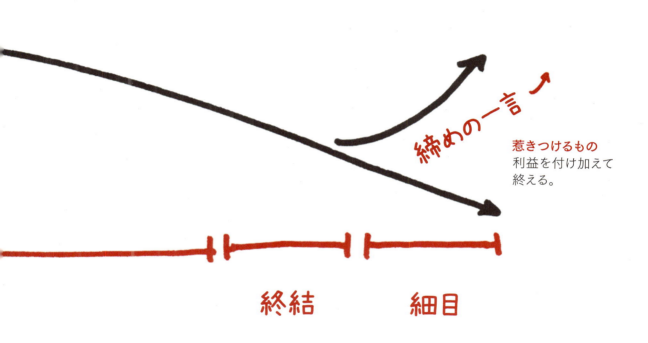

第3章　ルール2：物語を使って真実を語れ

次の3つの例はすべて**宣伝**のストーリーに従っている。

カルーパコーヒー

ワインドアップ （共通の土台づくり）	私たちは全員、すぐ目を覚ましその日の活力を感じたい。
ハードル **（共通の問題）**	**私たちは疲労困憊状態だ。**
解決策 （元気づける選択）	熱いカルーパコーヒーはほんとうにおいしい。
終結	**一杯のカルーパコーヒーをどうぞ（店内は Wi-Fi 無料!）。**

夜更かし	**電話じゃ不足**
誰もが私を、幸せで健全な子どもにしたいのでは？	私たちは人と付き合い、楽しみたい。
今日は土曜の夜だ。	**携帯電話じゃ物足りない。**
両親が家でリラックスしている間、私は友人と映画に行く。	電話＋音楽プレーヤー＋インターネット
60ドルもらって、エイミーに電話する（私は親から携帯電話を与えられている！）。	では、アイフォンをつくろう（まあ、少し難しいが、こう考えたのはスティーブ・ジョブズだ）。

宣伝の練習——"苦い薬"

私たちのシナリオ——

私たちのアイデア： 医療改革が現実となり、私たちのビジネス構造を根本的に変えなくてはいけない。このような変化にはお金がかかる——しかし変化を起こさなければ、私たちの会社は今後、成長できなくなってしまうだろう。

私たち： 私たちは大きな医療会社の上級技術エンジニアである。私たちは企業を維持していくためのコンピュータシステムを設計し、構築している。

私たちの聴衆： 幹部社員を説得し、資金を追加してもらう必要がある。それには手際よくやらねばならない。なぜなら彼らはすでに患者の日常的看護を改善するのに、さらなる資金の必要に迫られているからだ。要するに、ストレスを溜めた幹部集団に、費用はかかるが、必要な長期的変化を売り込む必要があるのだ。

ヒント：スプーン一杯のお砂糖があれば、苦い薬も楽々飲める。

こんにちは。

ショー：

ひとりはみんなのために、
みんなはひとりのために。

**総合データ戦略の
ための事例**

テル：こんにちは、みなさん。総合データ戦略の必要性に関するわがチームの考えをお知らせする機会を与えていただきありがとうございます。

ワインドアップ……

ショー：

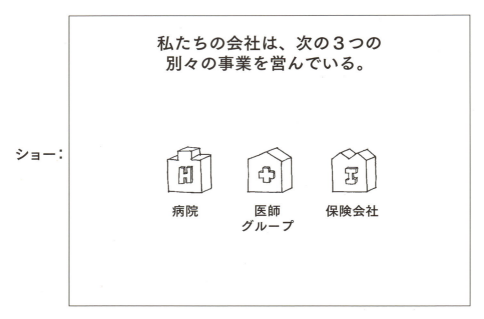

テル：現在、私たちは、病院、医師グループ、保険会社という別々の事業を運営しています。

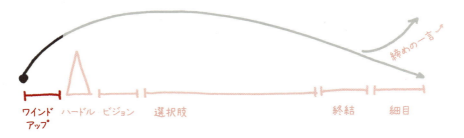

ワインドアップ……

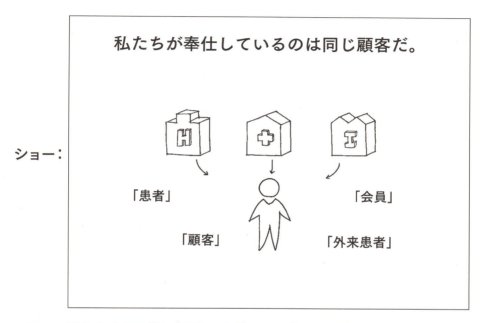

テル：私たち全員が同じ顧客に奉仕していますが、事業によって、顧客を「お客様」「患者」「会員」といった別な目で見ています。

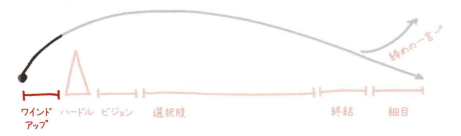

第3章　ルール2：物語を使って真実を語れ

ワインドアップ（続き）……

ショー：
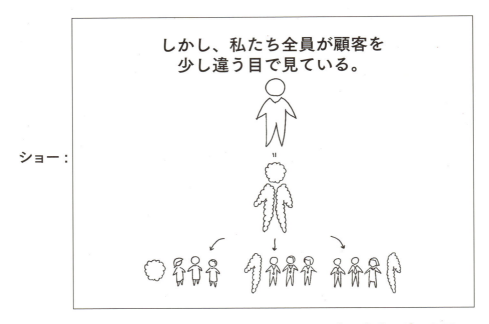

テル：収集したデータから、私たち全員が同じ顧客を多少、違った目で見ています。

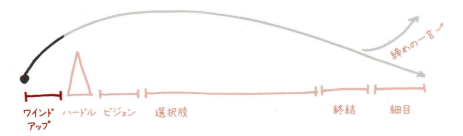

ハードル

テル：従来の見方はもはや役に立たなくなるでしょう。医療改革から新しい支払制度まで、強力な圧力が顧客を新しい観点で見なくてはならない状況をつくり出しています。

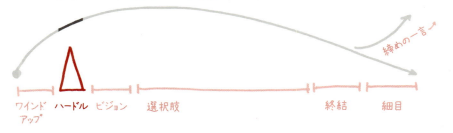

第3章　ルール2：物語を使って真実を語れ　123

ビジョン

ショー：

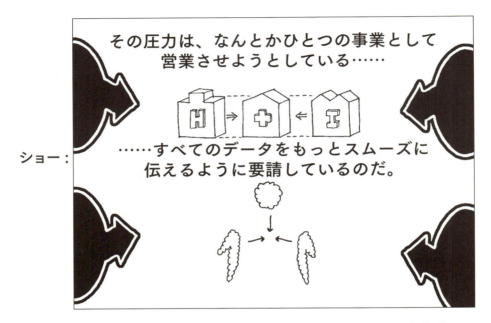

テル：この圧力は2つのことを意味しています。1．ひとつの事業体のように経営する必要。2．顧客データをもっとスムーズに共有する必要です。

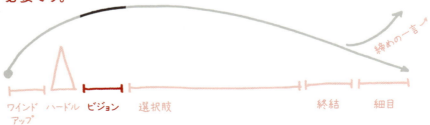

選択肢……

ショー：

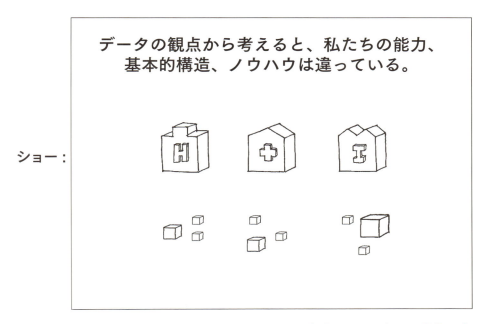

テル：データの観点から考えると、私たちの事業のそれぞれが独自の専門知識、能力、洞察の領域を持っていて、すべてを共有しているわけではありません。

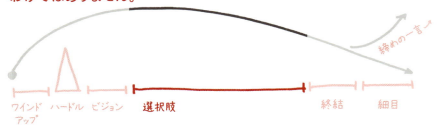

考えられるひとつの選択肢

ショー：

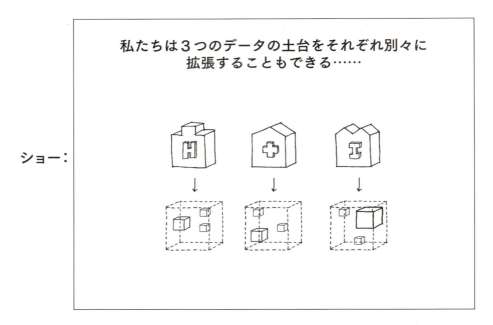

私たちは3つのデータの土台をそれぞれ別々に
拡張することもできる……

テル：ひとつの選択は、それぞれの事業が自分たちの顧客のデータシステムを拡大することです。

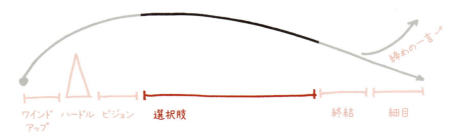

よりよい選択肢

ショー：

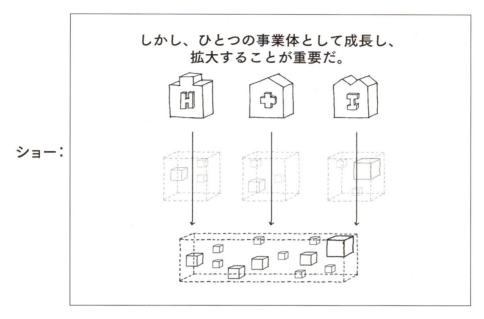

しかし、ひとつの事業体として成長し、拡大することが重要だ。

テル：もっとよい選択は、私たちの各事業が一体となり、ひとつの完全なデータシステムを構築することです。このシステムで、必要な情報はすべてアクセスできる状態になります。

終結

ショー：

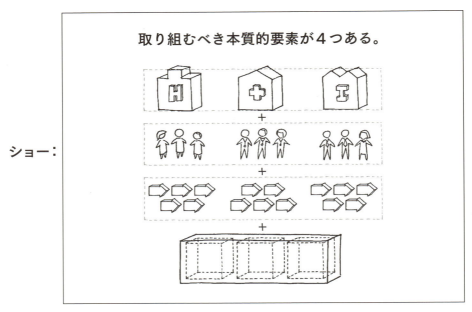

テル：そのためには、次の4つのことを説明しなくてはなりません。1．個々のビジネスの必要。2．個々の社員の必要。3．個々の事業のプロセス。4．共通の基盤。

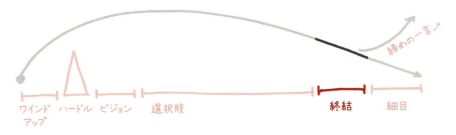

終結

ショー：

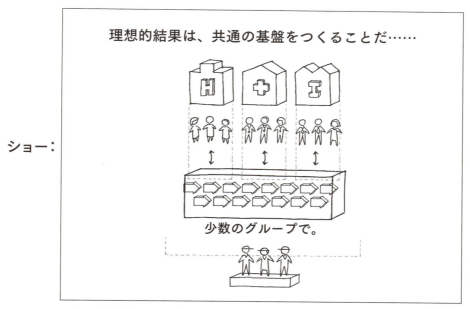

テル：これらをまとめれば私たちに独自なものが与えられるだろう。それは全員が利用できるもので、少数のグループが管理するひとつの集中化したデータシステムです。

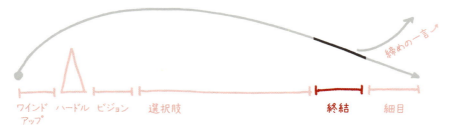

細目

ショー：

テル：この目的を実現するためには、2年間の困難な作業と多くの資金が必要ですが、これは将来、成長し、蓄えも生まれ、利益となるでしょう。

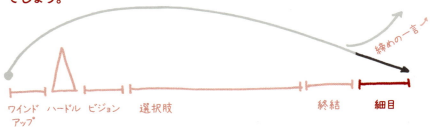

締めの一言

ショー：

もしきちんと機能させれば、私たちは国家の基準となるシステムを構築することになるだろう。

テル：今、これを実行すれば、私たちは医療の将来と向き合う準備を整えた国で最初のグループのひとつになれるでしょう。

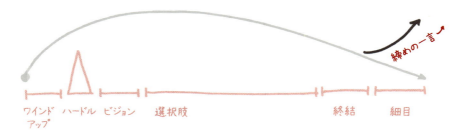

第3章　ルール2：物語を使って真実を語れ

完璧なプレゼンテーション用の
宣伝マップ。

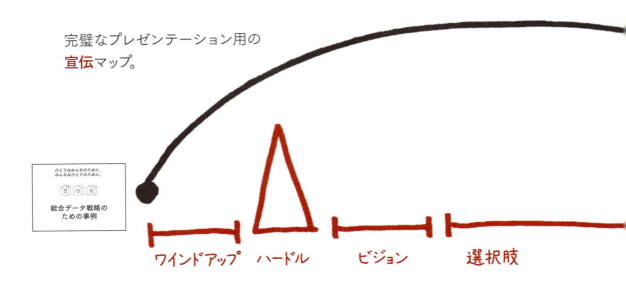

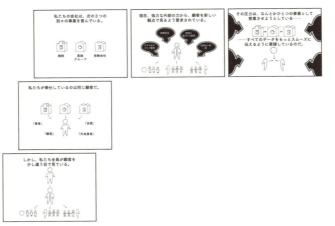

132　ショー & テル

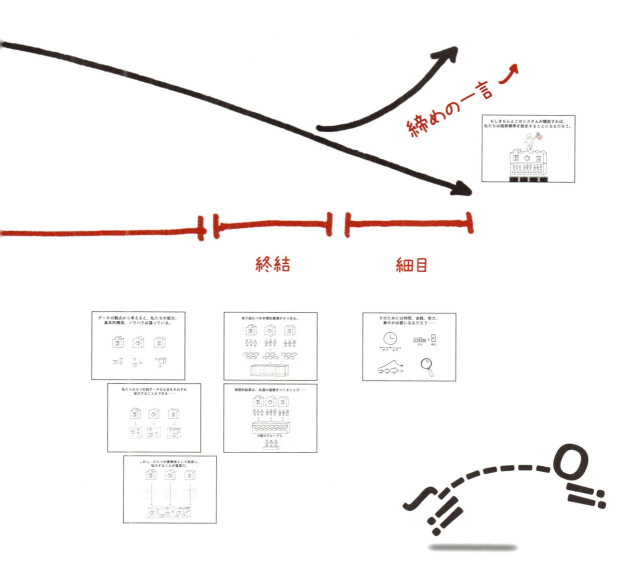

締めの一言

終結　　　　細目

第3章　ルール2：物語を使って真実を語れ

宣伝用のリポート・カード

1. 真実の**話**をしたか？

2. 聴衆の**行動**を変えられたか？

3. 新しい行動は、**私たち**と私たちの**聴衆**のどちらにも役に立つものか？

どのように実行したか？

事例にしたのは、実際の課題に直面した医療組織であり、紹介したのは、開発したプレゼンテーションの縮小版である。私たちがこの縮小版を作ったのは、最初のプレゼンテーション（典型的な退屈な報告）が、問題の緊急性と明白な解決案をきちんと伝えることができなかったからである。

結果：再考したこの「宣伝」案で、共通のデータベース構築のテストプログラム用に数百万ドルの投資が実現される運びとなった。

「宣伝」に関する最後のいくつかの考え

ソフトボール型宣伝の鍵は、聴衆と共通の土台を築くことだ。
どの宣伝の本質も、聴衆に新しいことに挑戦してもらうことだ。しかし、ほとんどの場合、実際に「新しい」ことは人々がもっとも望んでいないものだ。まず必要なのは、問題すなわち私たちが共有する問題が存在することを確認することだ。
問題に不慣れな人間が、解決策を売るのは至難の業だ。知りもしないことを語っても聴衆はお見通しなのである。解決策を売り込みたいなら、問題を熟知する必要がある。

あらゆるプレゼンテーションは「売り込み」だが、ここでは販売が前面に押し出される。
すべてのプレゼンテーションは一種の「売り込み」だ。報告は新しい情報を、説明は新しい能力を、ドラマは感情を「売り込んでいる」。
しかし、「売り込み」が中心課題になるのはこの宣伝である。
聴衆も宣伝されているときは売り込まれているのに気づいている。
この状況に納得しているなら、迷ったりしない。聴衆は一緒に、熱狂してくれるだろう。

ストーリー4——ドラマ

（ピューマが跳ぶ）

ドラマは私たちを旅に連れ出し、「まず、泣かせてから、笑わせてくれる」。
ドラマを使って、私たちは聴衆の信念を変えていく。

ドラマは私たちの心をへこませた後、その傷を癒してくれる。

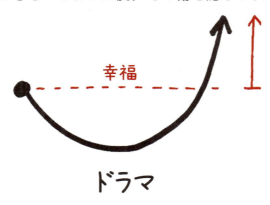

会議の基調講演、教会の説教、TEDトークとして行われるプレゼンテーションやキャンプファイアーの周囲で語られる話は、聴衆の信念を変えようとする。参加者を今までとは違った物の見方ができるようにし、よりよい人になり、より大きな同情心と理解力を持てるようにしようとする。

- 完璧な基調講演
- TEDトーク全体の90パーセント
- 魂の再生
- 自分の個人的旅行の話
- うまく伝わった悪い知らせ
- 忘れずに伝えられたいい知らせ

ドラマのなかには冒険、神話、人生訓が盛り込まれている。

ドラマはすべてのプレゼンテーションの先祖である。ギリシア神話、ヒンドゥー教のウパニシャッド、アフリカの伝説、そして聖書は、すべてひとりの人がほかの人に示した物語として始まった。

それぞれの物語の内容は違っているが、すべてに共通する2つのことがある。
それは**真実**を話していることと、ひとつの典型的な**構造**に従って語られていることである。

歴史家ジョセフ・キャンベルは、世界中の神話に共通するひとつの構造を明らかにした。彼はこの構造を「英雄の旅」と名づけ、ひとつの円を使ってこの構造を解き明かした。

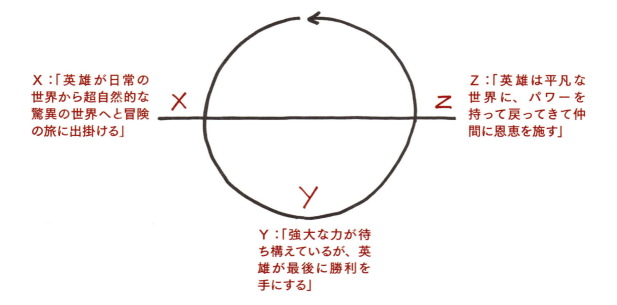

私たちのドラマが真実を語り、しかもこの典型的な構造に従っているなら、聴衆は感動せずにはいられなくなる。

偉大なドラマの典型的な構造は次のような単純なストーリーをたどる。

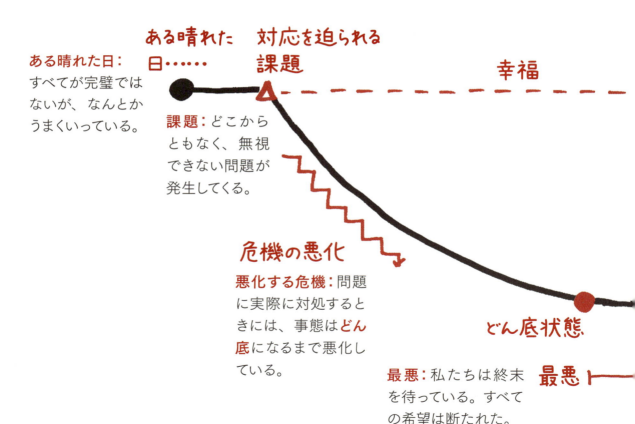

教訓

教訓： 二度と失われない新しい才能を手に入れる。

帰還！

帰還： 家に帰りつくだけでなく、まったく新しい可能性が突然、生まれてくる。

上昇

上昇： 自分にあるとはまったく気づかなかった能力で、なんとか危機を脱する。

発見したこと

発見： ちょっと待て。これは何だ。突然危機の出口が見える。

次に、ストーリーに従った**ドラマ**の例を3つ紹介しておく。

赤ずきんちゃん

ある晴れた日……	赤ずきんちゃんはおばあちゃんの家に籠を運んでいく。
課題	**森は薄暗くて、恐ろしい。**
危機の拡大	おばあちゃんはどこ？ あなたの歯大きいのね。ガブリ。
発見と帰還	**狩人が狼を殺し、赤ずきんちゃんはおばあちゃんと再会する。**

ボスはヒーロー	**ジル・ボルト・タイラーの洞察**[*2]
会社は勢いを増している。	彼女は脳科学者として活躍している。
でも市場が悪化する。	**だが脳卒中になり体が衰弱する。**
経営が不振になり、社員のクビが切られ、生産が減少する。	彼女は記憶や言葉を失い、死に近づいていることに気づいた。
上司が新しい市場を見つけ、自らの資金を投資し、「WSJ」[*1]**の表紙を飾る。**	**8年後、彼女はすっかり回復し、この逆境からほんとうの生き方を学んだ。**

*1 「ウォールストリート・ジャーナル」の略。
*2 2008年のTED。今までのTEDトークで一番視聴された講演のひとつ。TEDの講演の「ドラマ」的要素の基準となる。

ドラマの練習──
「空気のないところで」（実話）

私たちのシナリオ──

アイデア：モスクワで 10 年前、人類最初の宇宙遊泳をした人物にインタビューした。彼の名前はアレクセイ・レオーノフ。彼はこの 40 年前の冒険について実に驚くべき話をしてくれた。

私（これは私の実話である）：私は生物学と絵画を専攻して大学を卒業した。卒業後はグラフィックデザイナーとして、ロシアをはじめ世界中を飛び回っていた。

聴衆：去年、母校の基金調達のために、科学か芸術に関するワクワクする講演をしてもらいたいという依頼を受けた。私はアレクセイの話をすることにした。なぜなら、彼の話は科学と芸術に関係していたからだ。それは以前、一度も人前で話したことのない話題だった。

以下がそのプレゼンテーションである。

ヒント：深呼吸をして、目を閉じてください……

こんばんは。

ショー：

数年前、私は今まで
でもっともおもしろ
い男性と出会った。

テル：数年前、ロシアを旅行しているとき、私はとてもおもしろい男
性に出会いました。午後の間ずっと、彼は私に 40 年前に起こっ
た、驚くべき話をしてくれました。

ある晴れた日……

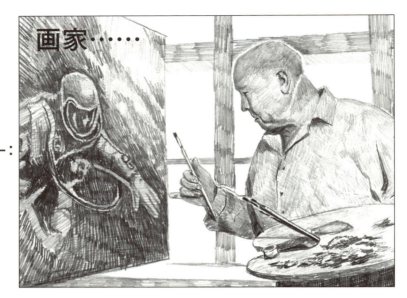

画家……

ショー:

テル：科学者とパイロットの訓練を受けていた彼は、絵を描くのも大好きでした。

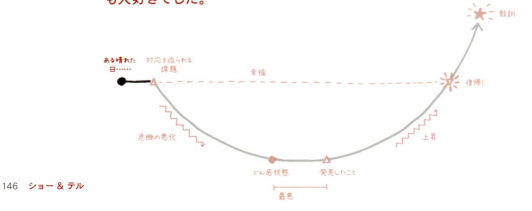

ある晴れた日……

ショー：

テル：しかし絵は彼にとってたんなる趣味でした。なぜなら彼は
ソヴィエトの宇宙飛行士アレクセイ・レオーノフ中佐だった
からです。

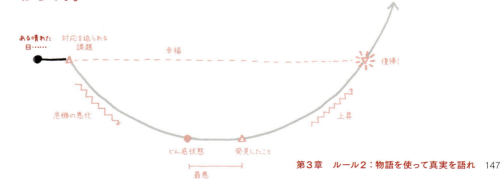

第3章　ルール2：物語を使って真実を語れ

課題

ショー：

テル：米ソ間の宇宙開発競争の絶頂期の間、アレクセイは今まで行われたなかでも、もっとも大胆で、危険な宇宙飛行を行う宇宙飛行士に任命されました。

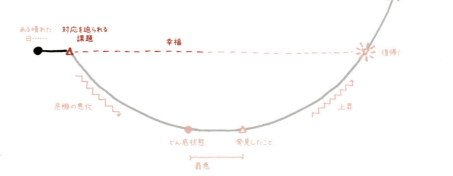

課題

ショー：

発射

テル：1965年3月18日朝、彼の乗ったロケットはソヴィエト連邦の奥地にある秘密のバイコヌール宇宙基地から打ち上げられました。

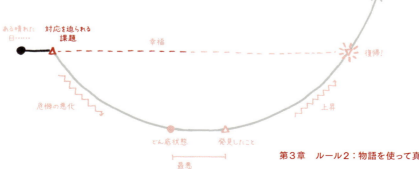

第3章　ルール2：物語を使って真実を語れ

危機の悪化……

ショー：

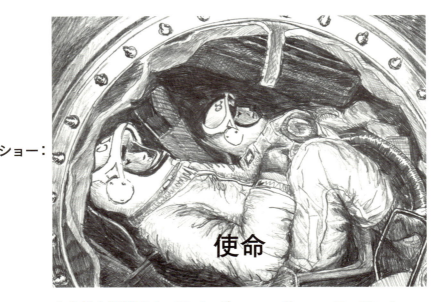

使命

テル：宇宙船を操縦するのはパーヴェル・ベリャーエフ。アレクセイの役割は宇宙空間に出ることでした。これは世界初の宇宙遊泳でした。

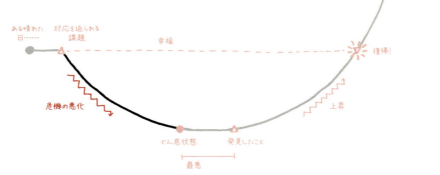

危機の悪化……

ショー：

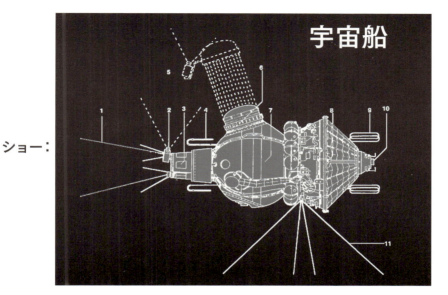

テル：設計は信頼できるのですが、宇宙船はすでに古くなっていて、この宇宙飛行の驚くべき要求に対して間に合わせの修繕がされていました。

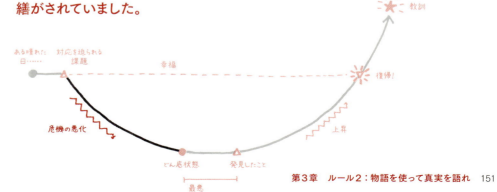

第3章　ルール２：物語を使って真実を語れ　151

真実の瞬間

ショー：

テル：ロケットが発射されてから3時間が過ぎました。アレクセイは宇宙服の圧力をチェックし、宇宙空間に出て行きました。

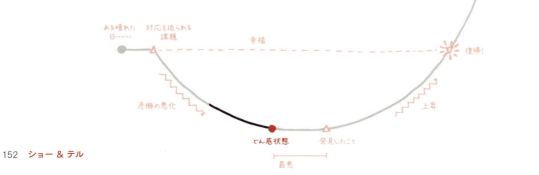

素晴らしい光景だった……

ショー：

テル：アレクセイは宇宙の光景に圧倒されました。アレクセイの下には地球が横たわっていました。まるで手で触れられそうでした。

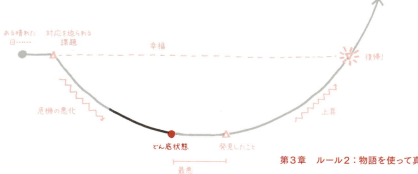

第3章　ルール２：物語を使って真実を語れ　153

……ところが災難に

ショー：

テル：しかしうまくいったのはごく短い間。数秒のうちに、アレクセイは、宇宙服に空気を入れすぎたことに気づきました。その姿は「ミシュランマンみたいだった」と彼は話しています。

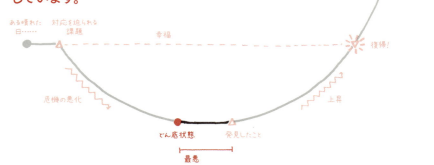

……災難に

ショー：

宇宙船内に戻ることが
できない。

テル：宇宙服が膨らみすぎてしまったので、アレクセイは科学的
任務を放棄し、生き残ることに意識を集中しました。しか
し宇宙服をどうにかしなければ宇宙船に戻ることができな
いのはわかっていました。

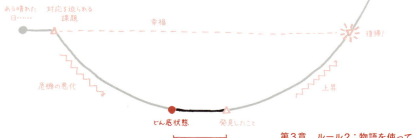

万事休すだった

ショー：

テル：「万事休す。私は目を閉じた」とアレクセイは語っていました。

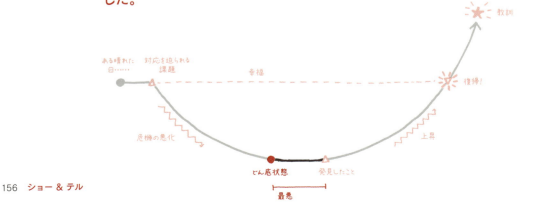

どん底

ショー：

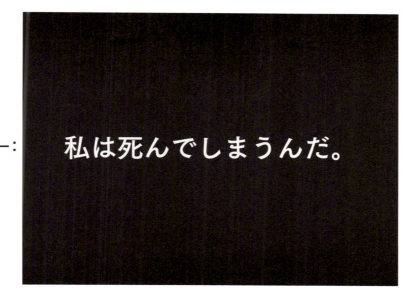

テル：「私は死んでしまうんだ」

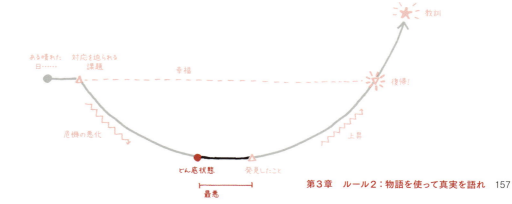

第3章　ルール2：物語を使って真実を語れ

発見

ショー：

そのときひらめいた！

テル：しかしそのとき、心の目に、この状況の出口が見えてきました。それは以前には一度も検査も議論もされていなかったことです。

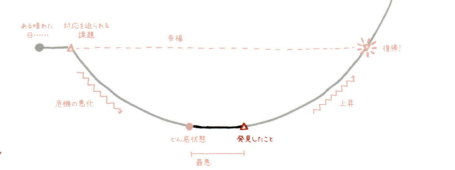

上昇

ショー:

**テル:部屋のなかで、私といっしょに座りながら、アレクセイは
ペンを取ると、話しながら絵を描き始めました。**

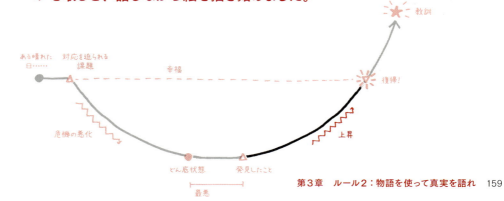

第3章 ルール2:物語を使って真実を語れ

上昇（続き）

ショー：

テル：「私はあまりに膨らみすぎて、宇宙船のドアを通ることができないことに気づいた。私はやっとわかったのだ。宇宙服の空気を抜かなくてはいけないことを……」

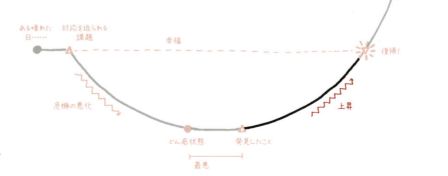

上昇

ショー：

テル：「そうか？ 心の目には、自分の宇宙服の加圧弁が見えた。それは地上で利用するものだったが、『なぜ宇宙でやってはいけないのか？』と思った」

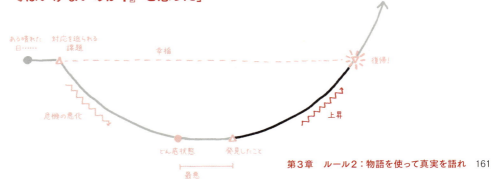

第3章 ルール2：物語を使って真実を語れ

上昇（続き）

ショー：

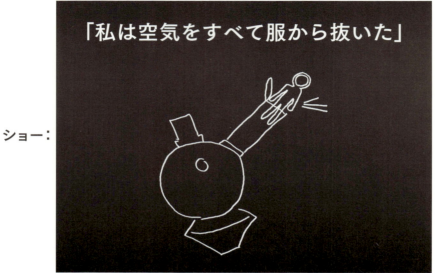

テル：「私は地上の司令室には何も言わなかった。彼らはたんに私に『ダメだ』と言うだけだろう。だから、私は自分の判断で手をバルブに下ろし、まわして、空気を宇宙空間に放出した」

復帰！

ショー：

「体がなかに入った！」

テル：「うまくいった！　宇宙服の空気が抜け、宇宙船に戻る一瞬が生まれた。なんとか方向転換して、宇宙船に入ることができた」

第3章　ルール2：物語を使って真実を語れ

復帰！（続き）

ショー：

テル：「パーヴェルはぐいと引っ張って、私を足まで船内に引き入れて、ハッチを閉めた。私は生きて戻ってきた」『タイム』誌がアレクセイの冒険を表紙に載せた。今まで誰も、そんな危険な出来事は知らなかった。

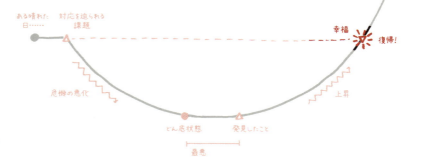

教訓

ショー：「けっしてあきらめるな」
「探すのをあきらめなければ、かならず出口は見つかる」

テル：アレクセイはそこで学んだことを教えてくれました。「ダニエル、けっしてあきらめないことだ。いつも目を光らせていることだ。かならず道は見つかる」と。

完璧なプレゼンテーションにするための
「ドラマ」のマップ。

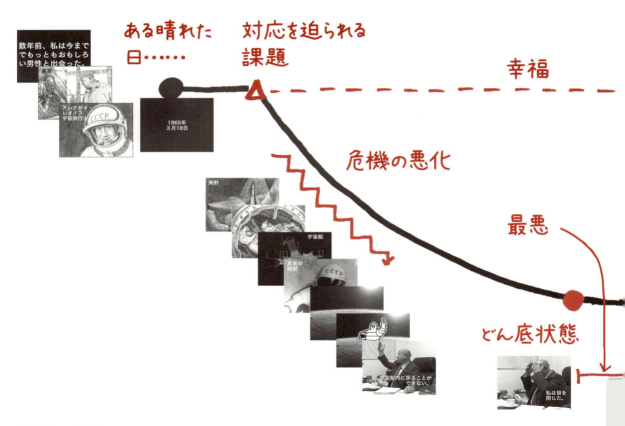

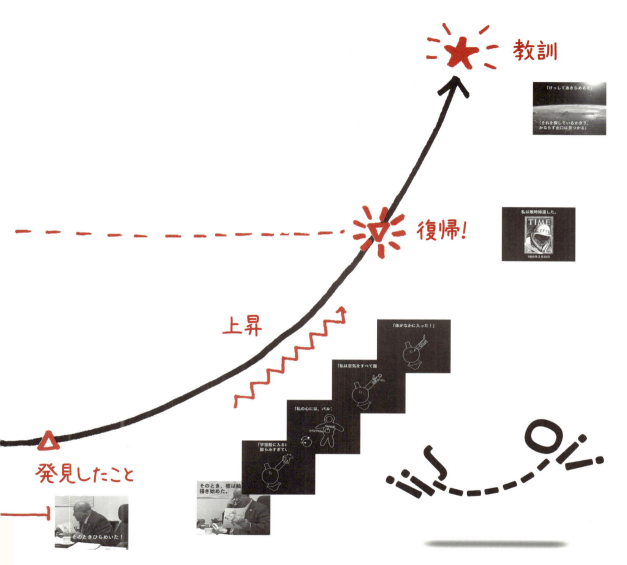

ドラマ用のリポート・カード

1. 真実の**話**をしたか？

2. 聴衆の**信念**を変えられたか、それとも**信念**を強くしたか？

3. このような信念は**思い出し、味わえる**ものか？

どのように実行したか？

プレゼンテーションの目標は、聴衆が大学に寄付したくなるような芸術や科学に関する話を伝えることだった。私はアレクセイの話が好きで、聴衆もこの話を大いに楽しんでくれた。なぜそれがわかったのか？

　結果：大学にはその晩、約25万ドルの寄付が集まった。

「ドラマ」に関する最後のいくつかの考え

ほかのストーリーに多少ドラマの要素を加えるのはいいことだ。
私たちは自分を、とりわけ仕事の面では、冷酷な計算機と見なすことが多い。それは真実だと思えることもあるが、実際にはけっして真実とはいえない。

適切であるなら、報告、説明、宣伝に多少ドラマの要素を加えるのがいいだろう。ドラマには人に自分でもやってみようという気持ちにさせる要素がある。

ドラマほどプレゼンテーションを力強く伝えてくれる要素はない。

ドラマは聴衆の心に届き、心を共鳴させる最高の要素である。ずばり共鳴させることができればこれからもずっと聴衆を変化させていくことができる。

ストーリーに関する最後の考え……どのストーリーを選ぶのであれ、ストーリーは私たちの心から出て、聴衆のやる気を起こす綱として利用する。

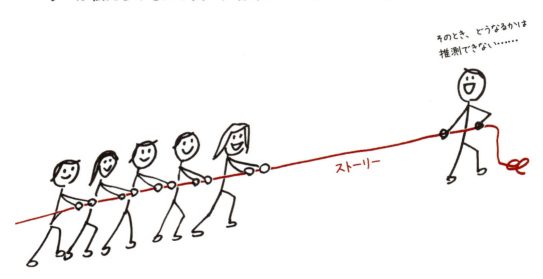

プレゼンターの仕事とは、この綱をピンと引っ張って、聴衆の心を動かし続けることだ。

私たちのストーリーは力強くても、切れてしまう恐れがある。それは私たちが聴衆に負けてしまったときだ。

プレゼンターとして、*避けたいこと*——

綱に結び目をつくる
（ストーリーが複雑になりすぎる）

綱をゆるめすぎる
（ストーリーのしまりがなくなる）

綱を切断する
（ストーリーに連続性がなくなる）

ストーリーをしっかりしたものにしておくために、ひとつのカード・セットを組み立てよう。

カード・セットひと組が完璧なプレゼンテーションを構成する要素である。カード全体には、あらゆる話や細部が含まれ、最初から最後まで滞りなく順番に進行していく。

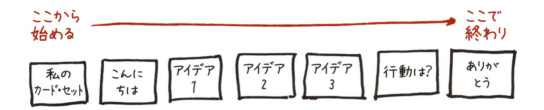

しっかりしたプレゼンテーションにするために、各カードはひとつのアイデアに制限する——これですべて。

理想のカードに含まれるもの

- 表題
- 絵
- 短いキャプション
- ほかは何もない

物語の連続性を断ち切るカードはすべて**悪いカード**である。

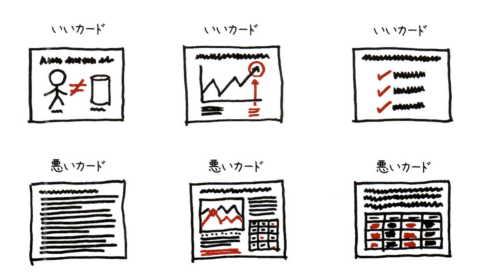

プレゼンテーションのなかで、複数のアイデアを一枚のカードで説明しようとすると、話が脱線し、聴衆を混乱させてしまう最大の原因となる。

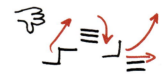

ひとつのアイデアが複雑すぎて、一枚のカードで説明できないなら、何枚かのカードに分割する。

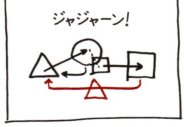

どんな複雑なアイデアもひとつの「構造枠」ととらえて、分解することで明白にできる。

綱をピンとはっておくためには、絵を示すといい。

明晰で、冷静でいるには、言葉を減らして、もっと絵で示すことだ。

第4章

ルール3：
絵を使って物語を説明しなさい

絵で導けば、頭が従ってくれる。

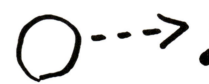

私は言葉で考えるということがまったくといっていいほどない。だから、私の視覚的イメージを通常の言葉と数学の用語に翻訳しなくてはならない。

―アルバート・アインシュタイン

私は一枚の地図を描いた……それが、私が最初にやったことだ。

―J・K・ローリング

私たちの脳は、ほかの何よりも見ることに力を注いでいる。

脳は、言語をはじめとするほかの機能より、視覚や視覚の処理に多くの力を注いでいる。人間の脳の神経単位は、ほかのすべての感覚を合わせたより、視覚に深くかかわっているのである。

―レオ・チャルパ医師[*]

[*] レオ・M・チャルパ医師は、ジョージ・ワシントン大学の薬学・生理学研究の副部長であり、教授である。以前は、カリフォルニア大学デーヴィス校の眼科学と神経生物学の教授であり、神経生物学、生理学、行動学の学科長だった。

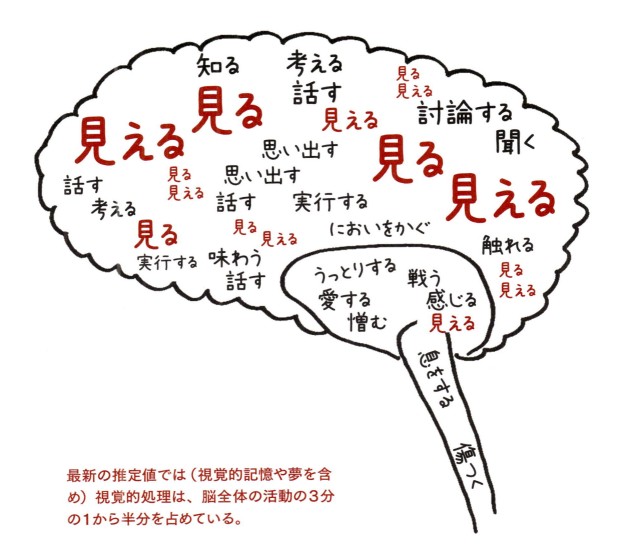

最新の推定値では（視覚的記憶や夢を含め）視覚的処理は、脳全体の活動の3分の1から半分を占めている。

私たち人間は本質的に、歩いて、話して、見たものを処理するマシンである。

たとえば、晴れた午後、私たちの目は約 $2×10^{18}$ の光子を処理している。これは銀河系全体の星の約2倍の光子量だ。しかもわずか一日である。
ほんとうにすごいことは、そのうちで覚えている数だ。

私たちの心のなかの視覚は、けっして眠りはしない。

目で見てもおもしろいものがないなら、自分で心に何か見るものを作り出す。

その反面、見て楽しいものがあれば、私たちの心は**ずっと**そこに意識を集中していられる。

とりわけ見たいものとは何か？

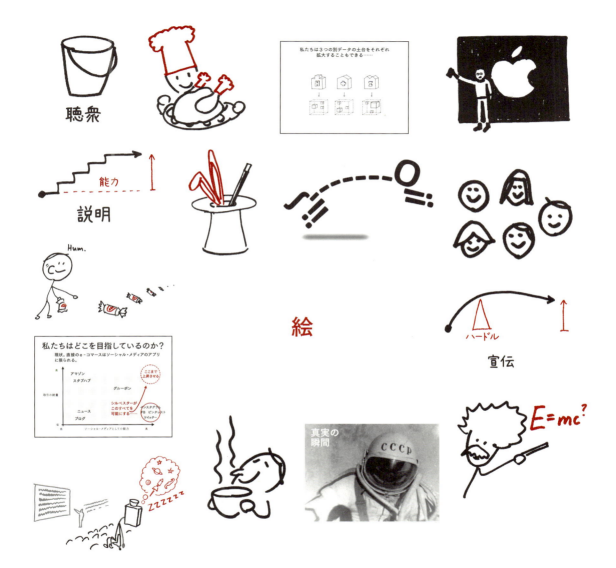

第4章　ルール3：絵を使って物語を説明しなさい

おさらいとして、今まで見てきたプレゼンテーションの例を簡単に見ておこう。そこから何が見えるだろう？　**答えは、どのカードにも絵が含まれていることだ……**

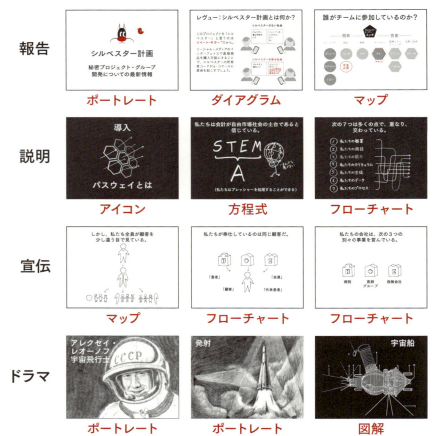

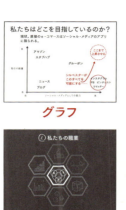
グラフ

時系列表

フローチャート

ポートレート

マップ

方程式

マップ

時系列表

フローチャート

フローチャート

フローチャート

ポートレート

ポートレート

ポートレート

フローチャート

風景

第4章　ルール3：絵を使って物語を説明しなさい　185

これらの絵はどれも、6種類の思考のなかのひとつを使っている。

- 私たちは**誰そして何**について話しているのか？
- それは**どこ**にあるのか？
- それは**いつ**起こるのか？
- **どれくらいの量**があるのか？
- それとは**どのように**影響し合っているのか？
- これは**なぜ**そうなのか？

6種類の思考は、私たちのものの見方にまさしく一致していることがわかった。

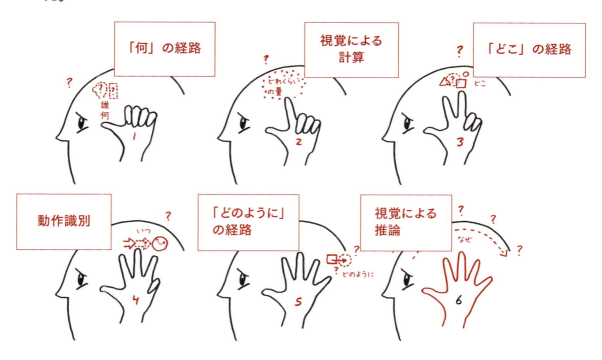

神経生物学の最新の研究によると、目が世界を監視する主要な「視覚の経路」は、この6種類の思考と1対1で対応している。

これは強力な道具である。

物語を説明するために、
必要なのは6つの絵だけである。

誰／何？

どれくらいの量？

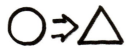

どこ？

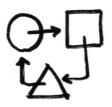

いつ？

どのように？

なぜ？

私たちはこの**6つの絵**を利用し、**すべて**を説明できる……

ポートレート

人物や
物を示す。

グラフ

どれくらいの量が
あるのか示す。

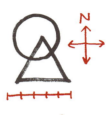

マップ

どこにあり、どこが
重なっているのか
示す。

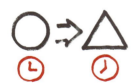

時系列表

時系列
を示す。

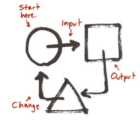

フローチャート

因果関係
および影響
を示す。

方程式

話の教訓
を示す。

このような絵を2枚、3枚、4枚（または6枚すべて）、加えれば物語が目に浮かんでくる。

これでストーリーをいきいきさせることができる。

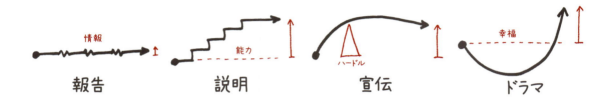

この簡単な絵を組み合わせ、話に加えることで……

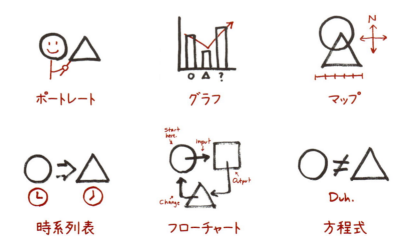

絵を加えるためには、次の**ピザの絵**を利用し、**言っていること**を簡単に翻訳する……

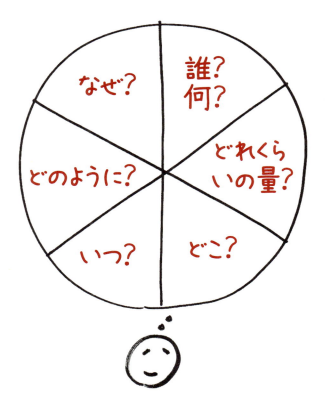

6種類の思考を利用し、私たちがストーリーとして書き留めておいた言葉のエッセンスを明確にできる。

……言葉を絵で示そう。

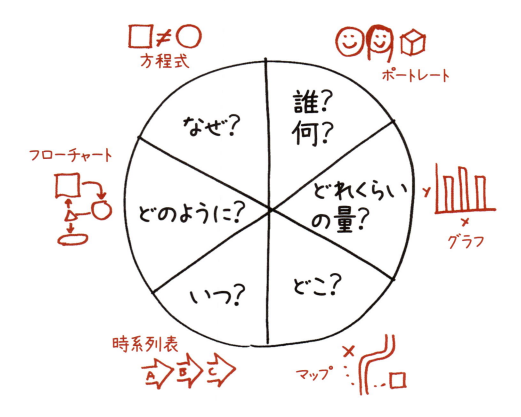

……言葉によるアイデアをそれに対応する視覚的表現に変える。

ふつう、話の主要な登場人物(「誰と何」)を描き、次のように**ピザの絵**を進めていく。

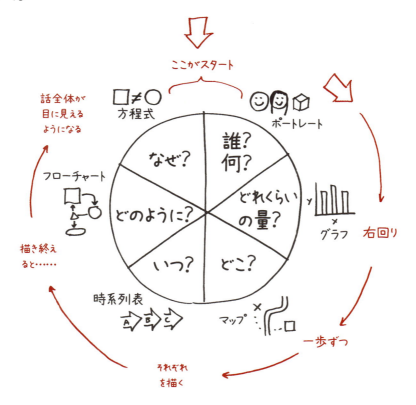

ピザの頂点に戻るまでに、私たちはプレゼンテーションにとって必要なすべての絵を手に入れられるだろう。

てっぺんから始めよう。**人**、**事物**、**事態**を説明するとき、ポートレートを描く。

「ポートレート」＝誰そして何？

プレゼンテーションの間、「**ポートレート**」はいつ示すべきか？

1. 新しい登場人物、集団、事物を紹介するとき。
2. その登場人物が、とくに異なる状況で、再登場するとき。たとえば、マップの一部として登場する場合。
3. ある人物やものをほかと区別する必要がある場合。

「**ポートレート**」のつくり方

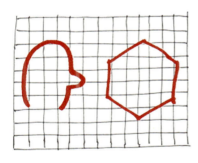

1. プレゼンテーションに登場するもっとも重要な人物（もの）を考える。
2. その人物（もの）を書き留める。
3. それぞれの人物（もの）を見分けられるもっとも簡単な絵を描く。
4. 配置、はみ出しなど細かな部分は心配しない（それは後の話だ）。

量、数字、値を説明するときは、グラフで示す。

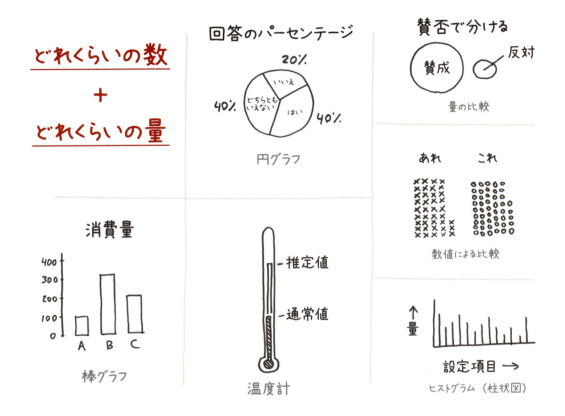

「グラフ」＝どれくらい？

プレゼンテーションの間、「**グラフ**」をいつ示すべきか？

1. 大きさ、量の比較、一連の数値データを紹介するとき。
2. 測定できる変化や傾向を見せることが重要な場合。
3. 伝えなくてはいけない量的証拠がある場合。
4. 感情的議論を明確にしたり、鎮めたいとき。

「**グラフ**」のつくり方

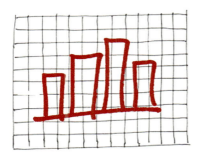

1. データを確認する（私たちが測定しているものは何か？）。
2. 数字を記入できるX軸とY軸をつくる。
3. 座標にデータを位置づける。
4. おもしろい傾向が現れているかどうか確認する。

位置、場所、重なりを説明するときは、マップを示す。

どこ

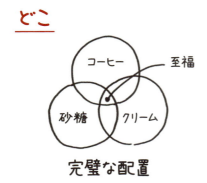

完璧な配置

地図

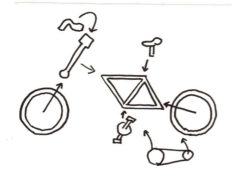

必要な組み立て部品

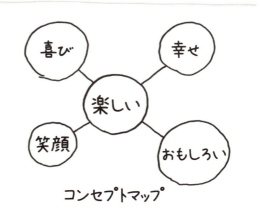

コンセプトマップ

「マップ」＝ものはどこにあるのか？

プレゼンテーションの間、「**マップ**」はいつ示すべきか？

1. 登場人物やアイデアの位置関係に意識を集中したいとき。
2. 私たちが置かれている位置を示したいとき。
3. 人、もの、アイデアの間の重なり具合を見たいとき。
4. 人、項目、アイデアをもっと記憶できるようにしたいとき。

「**マップ**」のつくり方

1. 私たちのいる風景（登場人物やアイデアが地理的、概念的に置かれている場所）とその主要な特徴を確認する。
2. 東西南北（またはそれと似た）の座標格子をつくる。
3. 目に見える特徴を格子に記入する。
4. おもしろい空間的傾向が現れていないかどうか確認してみる。

時間、**連続**、**順序**を説明するとき、時系列表を示す。

「時系列表」＝出来事はいつ起こるのか？

プレゼンテーションの間、**「時系列表」**をいつ示すべきか?

1. 登場人物、アイデア、出来事の時間経過による変化に意識を集中したいとき。
2. 出来事の順序を簡単に知りたいとき。
3. 登場人物が活動に捧げている時間を説明したいとき。
4. 出来事の長いリストを、より広い文脈のなかに置きたいとき。

「時系列表」のつくり方

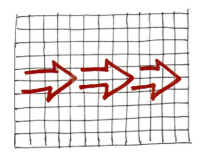

1. 出来事の推移を明確にする(順番、計画、アイデアの間にどんな出来事が起こるか?)。
2. **過去 > 現在 > 未来**の 座標線をつくる。
3. 出来事の推移を最初から最後まで、順番に線の上に記入する。
4. 現実的な連続性がそこに現れているか確かめる。

原因と**結果**または**プロセス**を説明するときは、フローチャートを示す。

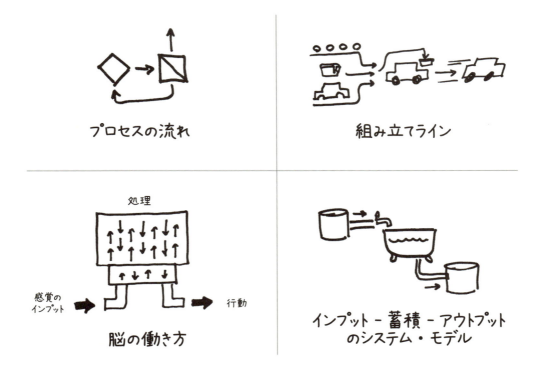

「フローチャート」＝どのようになるのか？

プレゼンテーションの間、「**フローチャート**」をいつ示すべきか？

　1. 原因と結果を明らかにしたいとき。
　2. ある登場人物やものが、ほかに及ぼす影響を理解したいとき。
　3. お金、情報、影響の流れを見たいとき。
　4. 何かが壊れた理由、または直し方を明らかにしたいとき。

「**フローチャート**」のつくり方

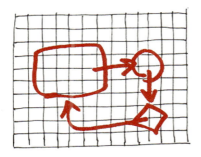

1. 理解したいプロセスを確認する。
2. ここに最初の一歩を描く。
3. 向こう側に最後の一歩を描く。
4. 最初と最後のステップの間で、決断や行動をどの位置にするか決める。
5. 見直し、検査、訂正。

話のなかの教訓を説明するとき、視覚的方程式を示す。

犬は鳥が大好きです。鳥は犬があまり好きではありません。

もの＋変化＝異なるもの

幸せは悲しみよりもよい

全体は部分の総和よりも大きい

鳥は手のなかにいる……

「方程式」＝教訓は何か？

プレゼンテーションの間、「**方程式**」はいつ示すべきか？

1. プレゼンテーション全体のなかでもっとも重要な洞察や教訓を伝えたいとき。
2. 大切なイメージを忘れずに、聴衆に帰ってもらいたいとき。
3. 「この話の教訓は……です」と言いたくなる場合。
4. 長い授業の終わりに笑いがほしいとき。

「**方程式**」のつくり方

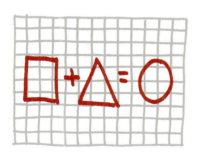

1. ここまでの絵をつくる際の、思考プロセス全体を点検してみる。
2. そして自らに、「聴衆にたったひとつのことを思い出してもらえるとしたなら……それは何だろう？」と問う。
3. 数学記号でつなげたポートレートを利用し、話の教訓を描いてみる。

−> + − = < >

言いたいことを正確に示そう。

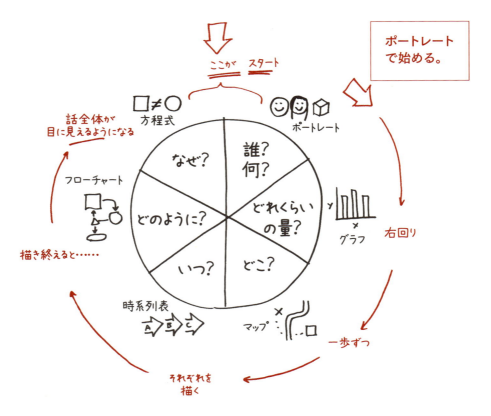

次のページから、6つの絵だけを使って実際に説明していきましょう。一番上から時計回りで始めます。

「チェス」とは何か説明できる？

私たちは6つの絵を使って、サッカーやポーカーのようなゲームも、ビジネスプロセスも説明でき、戦略的意思決定などなんでも計画できます。

まず、「誰」と「何」を示す「ポートレート」で開始しよう。

ショー：

「ポートレート」

テル：チェスには、2つのチームが存在します。各チームは、ポーン（歩兵）からキング（王様）まで、いくつかの異なる駒を持っています。

次に、駒が**いくつ**あり、**その駒にどれくらいの**価値があるのか、示そう。

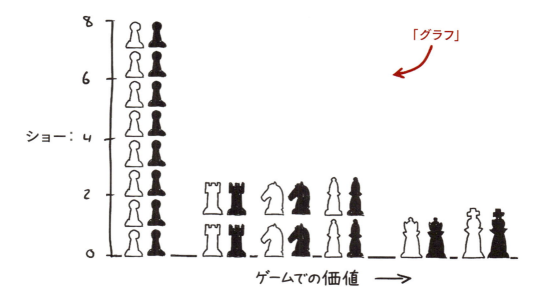

テル： このグラフは、ポーンは多数ありますが、その駒はふつうさほど価値がないことを明らかにしています。その反面、クイーンは２つしかありませんが、高い価値があります。

マップは、ゲームの最初にすべての駒が**どこに**置かれているか示している。

ショー：

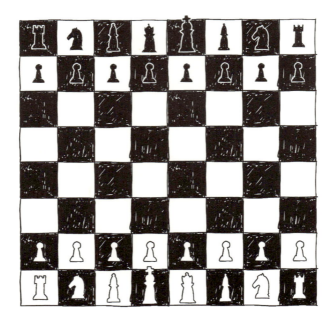

「マップ」

テル：ゲームの最初、すべての黒い駒はこのチェス盤の目のなかに置かれていて、白い駒もすべて盤の目のなかに置かれています。

ゲームが開始され**たら**、交互に駒を動かしていく。

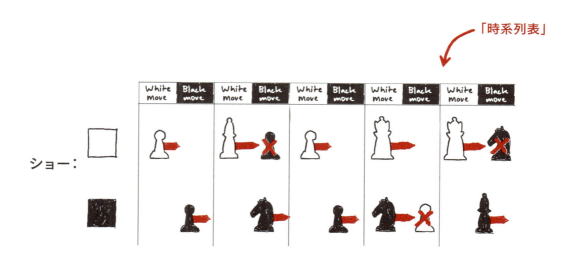

「時系列表」

ショー：

テル： この時系列表は一連の駒の動きを示しています。最初、先手が白いポーンを動かし、次に、後手が黒いポーンを動かします。しまった、君のビショップ（司教）に僕のポーンをとられちゃった（などなど……）。

ゲーム全体が最後まで**どのように**行われるか、次の**フローチャート**で示せる。

ショー：
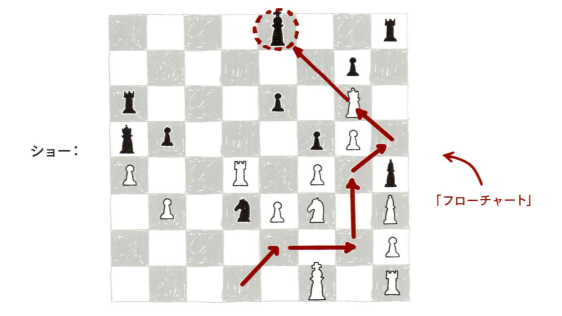

「フローチャート」

テル： ゲームが行われているとき、さまざまな駒の動きの原因と結果を見て、戦略を立てていきます。

最後に、**理由**が明らかにされる。肝心なことは互いのキングを倒すことである。

ショー：

テル： これが視覚的方程式と呼ばれているものです。話の教訓を視覚的に明らかにし、聴衆に忘れられないようにするのです。

6枚の絵は次の通りである。

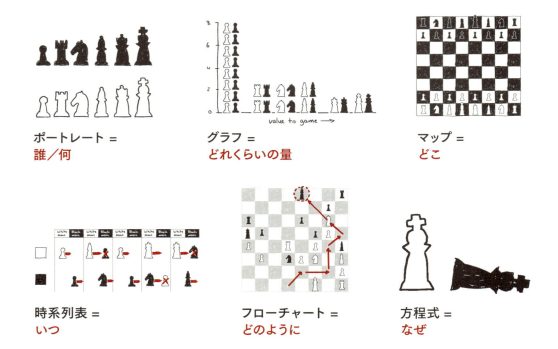

これらの絵を使って、チェスの重要な点をはっきりとさせることができたなら、ほかのどんなアイデアだって説明できないはずはない。

すべてのプレゼンテーションで、この同じ6つの絵を利用する。変化をつけるのは細部と様式だけだ。

- **細部**＝私たちは**プレゼンテーションのピザ**を利用して、どの絵を示すべきかを知る。
  誰と何＝**ポートレート**、どれくらいの量＝**グラフ**など。

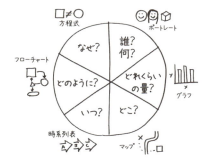

- **様式**＝あとに残されているのは、写真、グラフィック、線描のいずれを使うべきかという問題である。

描写様式について話そう。私たちに選ぶことのできる様式は3つある。

写真は優れている。

長所：
- 探しやすい（インターネットの検索は天からの贈り物）。
- 描く必要がない。
- 色が鮮やかで刺激的。

短所：
- 欲しい描写がめったにない。
- 特殊すぎる傾向がある。
- 編集が難しい。
- 利用や著作権などでの制限が多い。
- 講演者の影が薄くなる。

グラフィックは素晴らしい。　　　　**線画**が最高だ。

長所：
- グラフィックは自分の求めているものを示すことができる。
- プレゼンテーション用アプリにある基本描写ツールで簡単に描くことができる。
- わりと簡略化しやすい。

短所：
- あまり複雑にはできない。
- うまく作るには時間がいる。
- 視覚的に「冷たく」なる傾向──だが報告や宣伝にはいい。

長所：
- 練習すれば、描くのに時間がかからない。
- 望み通りに描ける。
- 「温かみ」があり、人目を引く。
- 人間味を示せる。
- 簡略化しやすい。

短所：
- 基本的な描写技術が必要。
- 「かわいく」なりすぎる──報告、宣伝では問題になるかも。

写真は探しやすく、使いやすい。

すごいアイデアを後押しするのにたいへん役立つ。

左の写真ははっきりした中心がひとつあるので、**右の写真**よりもいいプレゼンテーションになる。

シンプルな写真が最高だ。
写真はひとつの大きなものに焦点を当て、それが鮮明で、中心にあり、何かはっきりわかるようにすること。そうでなければ聴衆は、メッセージが写真のどこにあるのかわからず目をきょろきょろさせることになってしまう。

風景と静物写真は気分を盛り上げるためにはとてもいい。
聴衆は私たちが本物かどうかを見たがっている。写真は私たちを盛り上げ、後押ししてくれる、私たちの支援物である。しかし写真が目立ちすぎてはいけない。ふつう、写真は特殊でないものほど効果がある。

一方、人物の写真は実際にはものごとを混乱させてしまう恐れがある。

特別な人物に言及しないなら、実際の人物の写真は避けなさい。
人物の写真はあまりに感情を呼び起こすので、かならず聴衆の注意が散漫になる。
聴衆は写真の顔と特徴に気を取られ、私たちのメッセージは耳に入っていかないだろう。

人物のストックフォトは避ける。以上。
宣伝やウェブサイトの、ストックフォトは正確な反応を引き起こすかもしれないが、プレゼンテーションではそうはならない。写真の人物が実際に舞台に立つ人間と競い合ってしまうからだ。
伝えたい感情があるなら、写真に頼らず、自分で伝える方法を探すべきだ。

＊頻繁に利用されるであろうシチュエーションのため、あらかじめ用意された写真素材。

簡単な**グラフィック**は素晴らしい。

グラフィックはまさしく求めているものを示し、すべての種類の絵を（少しの練習で）簡単につくり出せる。

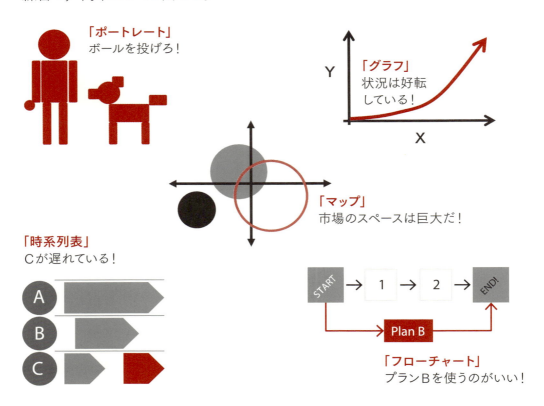

簡単なグラフィックで、プレゼンテーションに必要な絵はすべてつくり出せる。

少しの練習で、もっとも簡単なグラフィックのソフトでも人の心を捉えるものをつくり出せる（これはとりわけハンドドローイングの技術に懸念のある人には役立つだろう）。

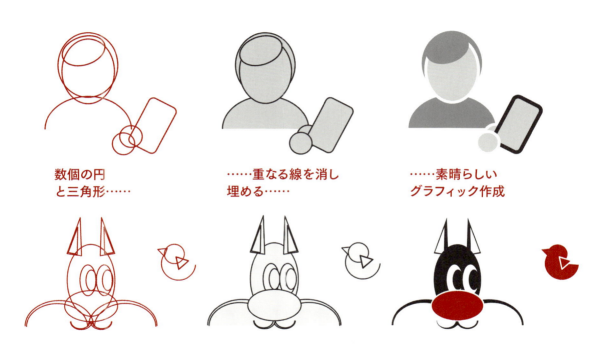

実際に、先に紹介した「シルベスター計画」の報告のすべての絵は、マイクロソフトのパワーポイントだけを利用して作成した。

しかし、**線画**が一番だ。
次に、その描き方を紹介しよう。

すべての線画は5つの簡単な形で描ける——

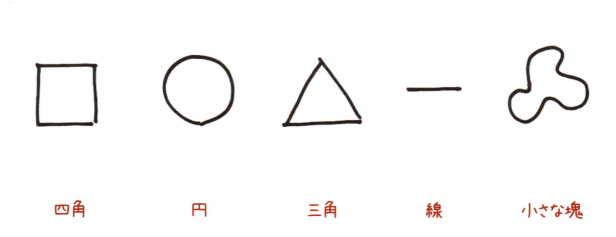

これらの形を組み合わせれば、ほぼどんなものでも描くことができる。

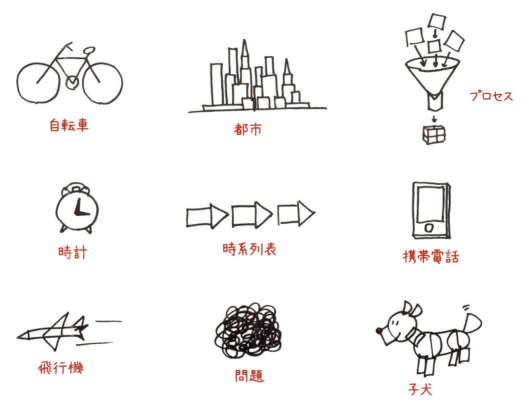

先に紹介した「医療改革」の宣伝のなかで描いた絵はすべて、このような種類の基本的な形を利用してつくられた。

少し、人を描くことについて話しておこう……

人を描くのは驚くほど簡単だ。
その秘訣はつねに単純にし、基本的な線と形だけを使うことだ。

棒線で描いた人物＝<u>感情</u>

簡単な棒線で描いた人物は、感情を示すのにとても便利だ。頭と体と腕と足を描くだけでいい。最後に、目と口を付け加えればOK。

ブロックで描いた人物＝ # 行動

振り切る……

魚釣りに行く

一所懸命働く、または
ほとんど働かないか？

出て行け！

　ブロックで描く人物は行動を示すのにとても便利だ。体は箱形、頭は円。2本の線をそこに付け足す。練習すれば、絵に命が吹き込まれる。

小さな塊で描いた人物＝

止まれ、
何者だ！

仲良しこよし！

数で勝っている

「小さな塊」で描いた人物は、集団のなかでの人間関係では個人の重要性が低くなるというイメージを伝えるのに最適である。

プレゼンテーションに線画を加えるには
2つの方法がある。

1. **紙の上にスケッチを描いて、
そのスケッチをスキャンする。**
すばやく視覚的にストーリーを伝えるのに、ペンと紙ほど優れているものはない。アイデアをスケッチし、一、二度、描き直し、写真を撮り、自分にメールで送ってみよう。今すぐ。それがプレゼンテーション用の即席の絵だ。

2. **じかにスクリーン上に描く。**
タブレットやペンが使えるラップトップは、絵をプレゼンテーションで使う素晴らしい方法になる。絵を描いてとっておき、挿入しよう。

素晴らしい方法をここに紹介しておこう。前もってほとんどの絵を描いておき、プレゼンテーションの最中に、その絵を修正すれば、聴衆は話に集中してくれる。

プレゼンテーションの前に、ほとんどの絵を描く――しかし最後の仕上げは手をつけずにおく（これはコンピュータ、フリップ・チャート、ホワイトボードで役立つ）。

プレゼンテーションの最中に、スクリーン上で直接、最後の部分を描く。
すると魔法が起こる。

ほとんど仕上がっている絵を聴衆に見せ、最後にさっとひと筆を加えると、驚くべきことが起こる。聴衆は、絵は自分たちの前ですべて描かれたと錯覚するのだ。少し練習すれば、この方法は聴衆を虜にし、惹きつけるための素晴らしい秘訣となる。

線画についてのクイックＱ＆Ａ……

Q：絵を描けない場合は？

A：あなたは絶対に描けます。思い出してください。これは現実の世界で見ているものを描くのではありません。**ここでは、心のなかに見えているものを描くのです。**
単純な形だけで描く場合が多いです。

Q：描いても、絵がひどかった場合は？

A：練習してください。最初は、描いても何かわからないかもしれない。しかし、うまく描くのにさほど長い時間はかかりません。

Q：ほんとうに、描けない場合は？（嘘じゃなく）

A：あなたにはまだ素晴らしい選択肢があります。それは、（1）描ける人と同席し、あなたの考えを説明する。（2）インターネットで簡単な絵を見つけ、使用許可をもらう。（3）基本のプレゼンテーション用またはワープロのアプリの簡単なイメージを利用する。（4）スプレッドシートを使って、簡単なチャートをつくる。

Q：どうやってテクノロジーを活用できるのか？

A：ペンと紙にまさるものはありませんが、ハードもソフトも現在とてもよくなっています。私がここで言っていることは1週間で時代遅れになる可能性がありますが、次のことは記憶すべきです。描くのはコンピュータではなく、人間だ。コンピュータは面倒を減らしてくれる、たんなる道具にすぎない。

絵のことについては、次のことを覚えておこう――

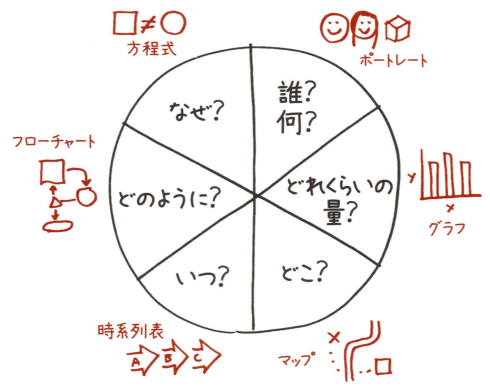

「ここで私が言おうとしていることは何か?」と自分に問いかけなさい。次に、それに相応する絵を求め、借りてきたり、自分で描いたりしなさい。

絵についての最後の考え

理想的な絵は、明快な文章と同様に簡潔で、目に入ると、こちらに訴えかけてくる。絵はそれ自身ではあまり関心を呼ばないようにしよう。細部、色彩、陰影、３Ｄ効果は制限すべきだ。絵に凝りすぎると、アイデアより絵のほうに関心がいってしまうからである。

理想的な絵はアイデアの本質をすぐに目に見えるようにしてくれるもので、それ以上のものではない。

第5章
心配しないための方法

**ほとんどの人にとって、プレゼンテーション
をするのは、歯医者に行くようなものだ。**

嫌でも、いつかやらなくてはいけない。
プレゼンテーションがひじょうに難しい第一の理由について話さなく
てはいけない。
恐怖だ。
ほとんどの人にとって最大の恐怖になっていることは人前でしゃべる
ことである。それはとてもよくわかる。
だが、それは完全に克服できることだ。

人前でしゃべるのは不思議なことなのである。

個人として、また仕事で成功するには、人前で上手にしゃべることほど重要なことはない。しかし、ほとんどの人にとってこれほどぞっとすることもないのだ。

一番うまくやらなくてはいけないひとつのことを、私たちは一番恐れている。

成功が難しいのも無理はない。

よい知らせは、私たち全員が生まれつき
プレゼンターであることだ。

私たちは自分の考えを聴衆に伝える方法を生まれながらに知っている
(そしてある時点で、私たちは実際にこの方法が得意だった)。

大人になると、プレゼンテーションが好きな人と嫌いな人に分かれてしまう。

時が経つと、環境が変わるが、やることは同じままだ。

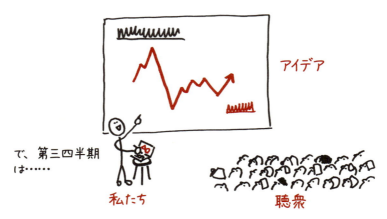

どんな**あがり性**でも希望はある──

名称：	**心配性の人**	**狼狽する人**	**あがらない人**
兆候：	プレゼンテーションを頼まれると不安になる。	ステージに上がると不安になる。	人前で話すのは平気。
発生率：	よくある。	誰でも。	めったにいない。
問題点：	ほとんどが、計画すれば解決できる問題（不安が去らず、時を経るにつれて、不安が膨らむなら、専門家に助けを求めなさい）。	肉体は精神の不安の生理的兆候を示す。訓練すればこの兆候に気づいて、取り組み──じきに回避できる。	なんと素晴らしい！　でもマイナス面もある。うぬぼれて、準備をしなければ、意外なことに対応できない。講演には必ず予期せぬことが起きる。
最高の特効薬：	計画を立てて心を落ち着け、有効な行動を取る（そのすべてが長期的不安を和らげる）。	練習で、恐怖を軽減すればアイデアに自信が出る。練習を続ければプレゼンテーションのプロに。	この幸運に大いに感謝しよう。それでも、練習すべし。

恐怖の正体を知って、恐怖を追い払え。

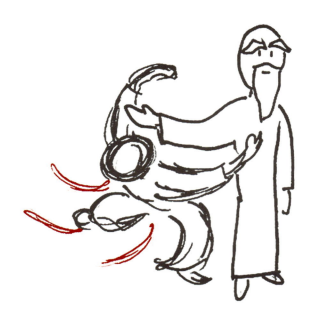

不安を抱くのにはある理由がある。不安は予期せぬことから、私たちを守ってくれる。危険が高いときは私たちにうまくやる準備をするように促してくれる。このバランス感覚を失うと、私たちはおかしくなり、不安は恐怖に変わり、恐怖に苦しめられることになる。

不安は隠すより誘い出すことだ。不安になるのにどのような重要な動機が隠されているのか理解し、それ以外のことは追い払ってしまうことだ。

恐怖は現実に存在しているが、すべてが悪いものとはかぎらない。

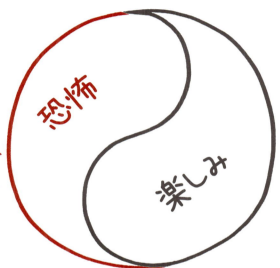

「大勢の人間の前に立って、お前は判断されることになるのだ。うまくやれよ、さもないと！」と脅されたことがある。

心は危険なことをやろうとしていることを伝えている──じゃ、準備すればいい。恐怖を、準備が必要なことを思い出す材料にすれば、危機も楽しみに変わる。

恐怖の裏側は**楽しみ**なのだ。

心配はプランニング（計画）に触れると、
すぐ溶けてしまう。

確かに、**プランニング**は実際に心配の生理的な原因を取り除くことはできないが、不安を意味のある行動に変えてくれる――恐怖があれば行動に移そう。

プレゼンテーション前の恐怖を克服するための5つの信頼できるステップがある──

1. プレゼンテーションの依頼を受ける。バケツを一杯にしていこう。
2. ストーリーを選び、適切なPUMAを使ってまとめる。
3. PUMAにさらに磨きをかけ、絵をそこに付け加える。
4. プラグを抜く検査を実施する（次ページ参照）。
5. 再び実行。それは聴衆との時間だ。

これでどうなるかはわかる。僕はすごいプレゼンテーションをしたところだから。

このバケツがなぜ一杯になったのか、おわかりだろうか？

恐怖は**訓練**で薄れていく。

自信は**練習**を通して、自分の資質を知ることから生まれる。
どのように訓練するのか？　それは**プラグを抜くことだ**。

「プラグを抜く」とは、NASAで行われるロケット打ち上げの最終テストで、「宇宙で果たして実行できるか?」という疑問に対し、地上で「できる」ことを証明し、すべての不安を取り除くことだ。ステージのためにも同じことを実行する。

すべきではないこと

部屋の奥に座って、スライドをカチカチいわせ、「テクノロジーについて話し、ここでは何とかかんとか……」。プレゼンテーションするときにそう言わないなら、練習のときも同じようにやりなさい。プラグを抜くテストが役に立つのは近道が許されないからだ。

プラグを抜くテストを正しく行えば、最初のテストは嫌になるだろう。実際、このテストはプレゼンテーション全体でもっとも難しい部分だ——本番よりも難しい。だから実行し、しかも二度やるのだ。そうすることでリラックスし、プレゼンテーションを聴衆がどのように受け止めてくれるかわかるようになる。

プラグを抜くテストのやり方

1. 本番で話す場所にできるだけ近い場所を探してください。

2. 本番となるべく近いステージ、音響、ビデオ、テクノロジーを設定する。

3. ステージに上がって、見えない聴衆を眺める。

4. 言葉も絵もすべて同じように実行する。

5. 繰り返す。

ステージに近づくとき、これまでやったことを振り返ってみよう。

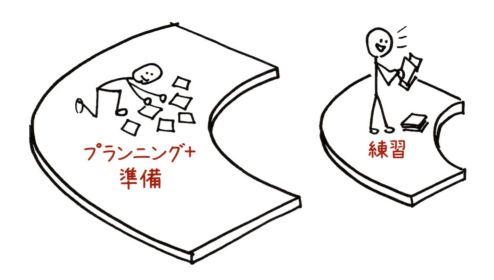

私たちは準備し、計画した。

真実、物語、絵になぜこれほど焦点を当てたのか？ それを適切にやれたなら、そのほかのすべては簡単にできるからだ。

私たちは練習した。

きちんと練習すれば、講演が簡単になる。絶対に。
話や自分の姿を気にせずに、聴衆との間に絆を築くことに集中しよう。

さあ、プレゼンテーションの準備はできたぞ。

喜び、興奮、恐怖など、どのような予測をしているにせよ、プレゼンテーションの日はやってくる。私たちはステージの上にいて、聴衆は会場にいる。こうして**プレゼンテーション**が始まる。

あなたは何を知っているのか？　自分のアイデアを信じ、自信を抱いているとき、ステージ上の時間は楽しく、聴衆を変えられる。
それがあなたが知っていることだ。

ステージからの眺め

すべての目が自分に注がれているのに、突然気づいた最初のころは、かならずおろおろしてしまった。私にはプレゼンテーションの瞬間が訪れたとき、心に留めておくべきリストがある。

エンジンを温めなさい。

プレゼンテーションの朝、最初の聴衆はシャワーだ。この地上で、要点を繰り返すために、シャワールームほど素晴らしい場所はない。次に、会場に向かうとき、聴衆の数人に自己紹介をすることで、エンジンを温めておこう（ちょっとした話を思い浮かべるための瞬間だ）。

この時点から、待つことがもっともつらい時間になる。聴衆のなかに入れるなら、ほかの講演者にじっくり耳を傾ける打ってつけの時間だ。彼らの話には、かならずじっくり考えることのできる材料が存在している。舞台裏でじっとしているなら、話せる人を探すのがいい（もし大きなプロダクションに所属しているなら、ベテランの巡業マネジャーはおもしろい話をきくのが大好きな人間であるということを思い出そう）。

ステージに出る直前、もう一度、最初に切り出す言葉を口にして、自分の耳で聞き、自分にエンジンがかかっているのを確認しよう。

デコボコを削って平らにする。

このデコボコをオープニングでどうするか？

プレゼンテーションでもっとも重要なのは、最初の2分間である。聴衆が、私たちがどんな人間か判断し、真剣に耳を傾けるかどうか決定する時間であり、本格的に話し始めるために使う滑走路なのだ。

プレゼンテーションの最初の2分間で、私たちをつまずかせるものをすべて取り除くべきだ（プラグを抜くテストをすればそれに気づくだろう）。いつもオープニングを想定して、話の準備をしておきたい。オープニングで聴衆をくぎづけにできれば、残りの時間、緊張は解けるかもしれない。

自分が不安を抱いていることを、**けっして、聴衆に謝罪してはいけない。**聴衆は私たちが神経質になっているのに気づいていないのに、自分から謝ったりする必要などない。そんなことをすれば聴衆まで不安にしてしまうだけだ。前もって話しやすい内容を準備し、緊張を解いておくことが賢明だ。自分にとっておもしろい題材があるなら利用しよう。聴衆もきっとその話に笑ってくれるはずだ。

ゆっくりやるのが素晴らしい。

話すのが難しいと言っているのは誰か？

ステージの上では、日常とは違う時間が流れている。ここでは私たちはものごとをゆっくり進める必要がある。私たちにとってはふつうのペースのように感じても、聴衆には猛スピードなのだ。急がないこと（もっとたくさんしゃべることではなく、言葉を減らし、ゆっくりしゃべることにしよう）。ゆっくり、２、３回深呼吸することが、緊張を解くには最適だ（誰もがゆっくりやったほうが素晴らしく見えるものだ）。

自分のほんとうのスウィングを探せ。

おもしろい人もいれば、まじめな人もいる。活発な人も、もの静かな人もいる。ステージでは本来の自分に誠実になればなるほど、プレゼンテーションは素晴らしくなる。しかし数回ステージに上らなければ、ステージ上の自己のスタンスははっきりつかめない。ペースとスタイルを選んで、どう感じるか確認しよう。数回話せば、ほんとうの自分のスウィングが見つかるだろう。

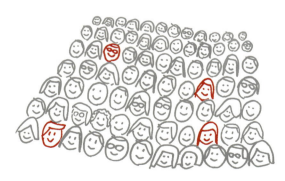

友人を数人探しなさい。

聴衆の人数に関係なく、私たちは現実には全員に話しているわけではない。数人の親しい顔を見て、彼らに話しかけているのだ。もし3度、同じ人に目を向けたなら、彼らは微笑んで、頷いているはずだ——その笑顔が私たちの励みとなる。

最後に、プレゼンターは魔術師に近い存在であることを
けっして忘れないようにしよう。

好奇心を抱くのは人間の自然な感情である。人間は全員、学びたがるよう
にできている。
プレゼンターとしての秘訣は、できるだけ多く、聴衆に発見の瞬間をつくる
ことだ。ペースを変えたり、状況をつねに目に浮かんでくるようにしたり、気
分を集中させたり、混乱を鎮めたりして、けっしてストーリーを外さないことで、
プレゼンテーションは少し魔法に似たものになっていく。

第6章
贈り物

どのプレゼンテーションも、聴衆は自分たちの人生の一部を私たちに投資している。

聴衆を楽しませよう。

最後に言っておこう。プレゼンテーションをするのは簡単なことだ。自分の頭のなかにあるものを聴衆の頭にできるだけ素早く、しっかりと信じてもらえればよいのだ。

自分に与えられる最高の贈り物は、ショー＆テルの方法を学ぶことだ。

お互いに贈り合える最高のものは、素晴らしいプレゼンテーションである。

あなたのアイデアを楽しもう。

自分を楽しませよう。

聴衆を楽しませよう。

これで、おもしろくなるだろう。

ダン・ローム　Dan Roam

経営コンサルタント会社 Digital Roam の創業者であり社長。
ビジュアルシンキングというユニークなアプローチで、山積
する難問を抱える企業の幹部に問題解決策を指南してきた。
顧客は、グーグル、ボーイング、イーベイ、マイクロソフト、
ウォルマート、アメリカ海軍、アメリカ上院など多岐にわたる。
第1作目の The Back of the Napkin（邦訳『描いて売り込め！
超ビジュアルシンキング』講談社）は、世界中で大ベストセ
ラーとなった。

住友　進（すみとも・すすむ）

早稲田大学第一文学部卒業。翻訳家。訳書にエリック・ウォ
ール『アンシンク UNThink 眠れる創造力を生かす、考えない
働き方』、リン・A・ロビンソン『直感で生きる「直感日記」
で、これからの毎日が変わる』（以上、講談社）、マシュー・
ホワイト『殺戮の世界史　人類が犯した 100 の大罪』（早川
書房）、ディーパック・チョプラ『この瞬間どこからでも、あ
なたの望む富はやってくる。』（サンマーク出版）、エスター・
ヒックス、ジェリー・ヒックス『最高の出会いと引き寄せの
法則 シークレット・カード』（SB クリエイティブ）、オグ・
マンディーノ『この世で一番のメッセージ』（竹書房）などが
ある。

描_かいて、見_みせて、伝_{つた}える
スゴい！ プレゼン

2015年3月3日　第1刷発行

著　者　　ダン・ローム
訳　者　　住友 進_{すみ とも すすむ}
　　　　　©Susumu Sumitomo 2015, Printed in Japan

発行者　　鈴木 哲
発行所　　株式会社 講談社
　　　　　〒112-8001　東京都文京区音羽2-12-21
　　　　　電話　編集部03-5395-3808
　　　　　　　　販売部03-5395-3622
　　　　　　　　業務部03-5395-3615

本文データ制作　　朝日メディアインターナショナル株式会社
印刷所　　慶昌堂印刷株式会社
製本所　　株式会社若林製本工場

定価はカバーに表示してあります。
落丁本・乱丁本は購入書店名を明記のうえ、小社業務部あてにお送りください。送料小社負担に
てお取り替えいたします。なお、この本の内容についてのお問い合わせは学芸図書出版部（翻訳）
あてにお願いいたします。
本書のコピー、スキャン、デジタル化等の無断複製は著作権法上での例外を除き禁じられていま
す。本書を代行業者等の第三者に依頼してスキャンやデジタル化することはたとえ個人や家庭内
の利用でも著作権法違反です。複写を希望される場合は、日本複製権センター（電話03-3401-
2382）にご連絡ください。R〈日本複製権センター委託出版物〉

ISBN978-4-06-219270-5　N.D.C.336 258p 20cm